適塾の謎

芝　哲夫

大阪大学出版会

目　次

はじめに……2
一　洪庵の人生の旅立ち……5
（一）洪庵の蘭学志向と置手紙　5
（二）洪庵の長崎行と婚約　11
二　洪庵と適塾……19
（一）瓦町適塾の位置と移転の年　19
（二）姓名録の署名　24
（三）ヅーフ部屋と諭吉の階段の位置　31
（四）洪庵と種痘　42
（五）牛痘苗の伝播と効力　52
（六）『虎狼痢治準』の出版　58
（七）洪庵の江戸下向と和宮降嫁問題　66
三　洪庵の死……73
（一）洪庵の死生観　73

（二）洪庵の最期　76
四　適塾と教育……83
（一）息子の勘当　83
（二）弟子の破門　89
（三）適塾の経済　100
（四）適塾生の教育観　109
五　門下生と日本の近代化……115
（一）洪庵と専斎の造語　115
（二）緒方郁蔵の人物像　121
（三）緒方惟準の退役問題　125
（四）高峰譲吉、薩摩屋半兵衛は適塾生か　132
（五）適塾と創造性　136
おわりに……141
参考文献……143
索　引……156

緒方洪庵肖像

はじめに

幕末の大坂に緒方洪庵によって開かれた適塾へ、日本の各地から多くの若者が集まってきて、蘭書の勉学を通じて西欧文化の吸収に師弟が情熱を燃やした。洪庵は蘭医学者で西洋医学の日本への導入・移植を本務として、多くの蘭医学書の翻訳とともに種痘普及など社会医学にも大きい足跡を残した。その高潔な人柄と卓越した時代に対する見識が、新時代の到来をかぎつけた多くの若者をひきつけた。洪庵もまた塾生の人間教育にも深く意を傾け、塾生たちに医学に止まらず、この国が近代化に向かうに当り欠くことができない新しい西洋文化に広く目を向けさせた。

洪庵が逝って五年後に訪れた明治の時代に適塾を出た多くの門下生たちが日本の体制のすべての面での改革に縦横の活躍を示す時が来た。適塾門下生の活躍なくしては明治の日本の近代化が、少なくとも今知られている形では成り立ち得なかったほどの重みが知られるにしたがって、現在また新しい難局に立ち向うこの国の転換期に際して、適塾と洪庵への関心は回帰的にますます高まって来ている。

緒方洪庵と適塾に関する調査、研究は洪庵の曾孫の緒方富雄博士が『緒方洪庵伝』を著された昭和一七年（一九四二）頃から盛んになり、巻末に参考文献として挙げたような多くの先達による著作が上梓され、最近では平成五年（一九九三）に、その集大成ともいえる梅溪昇『洪庵・適塾の研究』が出版されている。

大阪の淀屋橋の東南、北浜三丁目に現存する適塾の建物は昭和一六年（一九四一）に史跡に指定され、翌年から大阪大学の管理となり、戦災を免れて現在に至っている。大阪大学ではその源流としての意義のみならず、この国の近代化のエネルギーの一つの源泉となった史的重要性を広く喧伝して永く世に伝えるために、昭和二七年（一九五二）に適塾記念会を発足させてその顕彰に努めている。適塾記念会では機関紙『適塾』を毎年発行して、適塾に関する情報、研究成果の集積、公表に力を注いでいる。また平成一〇年（一九九八）以来会員有志の参加による「適塾研究会」が発足して、適塾と緒方洪庵に関する人々の関心に応えている。

そのような趨勢の中で、適塾についての探求が深まり、多くの史実の重要性が高まるにつれて、かえって誤った伝承や解明を俟つ不明の事実が多く浮き彫りになってきて、これらの問題を避けて通れないという思いが筆者につのってきた。年来、適塾研究会の世話をさせて頂いている筆者はそれらの疑問に直ちに明確な解答は与えられないにしても、少なくても不明の点は不明として、問題の所在を明らかにしておく責務に近い気持を持ち続けていた。

そのような事情で、平成一二年の適塾研究会で「適塾についての謎」と題して話する機会が筆者に与えられた。本書はその時の講話の再録を主として、さらに三篇の新しい話題を追加して編集されたものである。

一方でまた、この書の出版を思い立った意図は洪庵と適塾への関心はいわゆる正史的な表側からの接近とは別に、側面または裏面からのあまり知られていない隠れた事実を知ることによって、より適塾が身近なものとなり親しみがわく効果も期待されると思われたからである。本書が緒方洪庵と適塾への関心の新しい誘い水となり、適塾研究の一里塚となれば幸いである。

一　洪庵の人生の旅立ち

（一）洪庵の蘭学志向と置手紙

緒方洪庵は文化七年（一八一〇）七月一四日に備中の足守で、佐伯瀬左衛門惟因（図1）の三男として生まれた。足守は足守藩木下侯の屋敷町で、今では岡山市に編入されているが、吉備線で岡山駅より約一五キロ西北の鄙びた山あいの土地である。父惟因は木下侯に仕える藩士であったので、洪庵もその足守の地で藩の役人になる運命にあった。

文政八年（一八二五）二月五日に数え年一六歳を迎えた洪庵は元服した。洪庵の名は章といったが、この

図1　洪庵の父佐伯惟因肖像

時騂之助《せいのすけ》と名乗った。この年の五月一八日に父惟因は藩用で足守を発って大坂に出かけた時、洪庵を同伴した。その時の大坂足守藩蔵屋敷は薩摩堀（大阪市西区）にあり、惟因の任務は新しい蔵屋敷の物色、買い取りの交渉であった。二ヵ月半後の八月四日に父子は一旦大坂を発って足守に戻っている。

同年一〇月五日に父惟因は新しく買い取った中之島の蔵屋敷の留守居役を仰せ付けられて、この時も洪庵が同道して一〇日に大坂に着いた。後年、自著『病学通論』の自序（図2）に、

章成童従家君、於大阪之邸、学文習武、多病不能勉強、時聞、有天游中先生者、唱西洋医学覈躯骸析疾病、精密窅賾、出人之意表也、於是憣然改轍、服従先生

と書いているのはこの時のことと思われる。

大坂の町を知った若き洪庵は草深い足守で一生を終えるか、それとも新しい世界に青雲の志を伸ばすかと思い悩んだことと思われる。前の薩摩堀の蔵屋敷も、今度の中之島の藩邸も、江戸堀千秋橋畔にあった当時大坂で唯一の蘭学塾の中天游の思々斎塾に程近かった。洪庵は前回か今回の大坂滞在の間にこの思々斎塾のことを聞き、新しい西洋医学の魅力の擒になったものと思われる。右に挙げた『病学通論』の序はそのこ

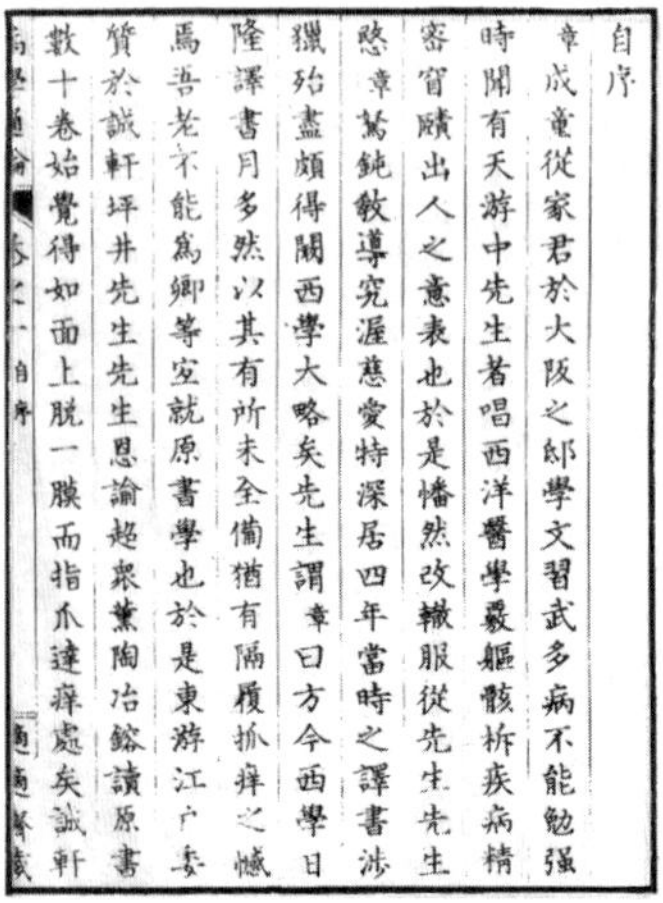
自序
章成童從家君於大阪之邸學文習武多病不能勉強時聞有天游中先生者唱西洋醫學覈軀骸析疾病精密窅賾出人之意表也於是憣然改轍服從先生先生愍章篤鈍敎導究渥慈愛特深居四年當時之譯書渉獵殆盡頗得關西學大略矣先生謂章曰方今西學日隆譯書月多然以其有所未全備猶有隔履抓痒之憾焉吾老不能爲卿等宜就原書學也於是東游江戸委贄於誠軒坪井先生先生恩諭超衆薫陶冶鎔讀原書數十卷始覺得如面上脫一膜而指爪達痒處矣誠軒

図2　『病学通論』自序

とを率直に伝えている。

文政九年（一八二六）、一七歳となった洪庵が次のような手紙（図3）を父の机の上に残して家を出て、中天游の塾に入ったといわれている。その置手紙の全文を左に掲げる。

敬白章之志、伏願聞癡言、而分別於是非、則幸甚々々。抑章従出於　尊母之胎、以来偏蒙於　尊大人之深恩也。然章不才愚純(鈍)、而今年已十有七歳、唯碌々更無一事報深恩、可謂不孝之甚也。且願自今賜於三歳之暇乎否、若賜於三歳之暇、則雖不肖欲学於医也。夫医道者、治疾病之術、而扶持於万民之法也。縦令為聖為賢之人、若有疾病則如何乎。然則医不可以不学與(歟)、章固柔弱、而非干為武之貨(質)、是故欲志医已三歳也、然未発言者、若於離膝下則易干章、而恐無於尽孝者、是以迷惑久矣、雖然碌々受人之嘲、浼　尊名、又非不孝耶。伏願正癡言、而賜於免許、則章雖不肖孳々俛(勉)焉、三歳之後必成就於彼道、而得拝　尊顔矣、書拙而不得畢伸思情矣、伏願推察章之志。

不孝且不肖之愚子　章　敬白

この手紙を洪庵が足守で父の机の上に置いて故郷を出奔して大坂に

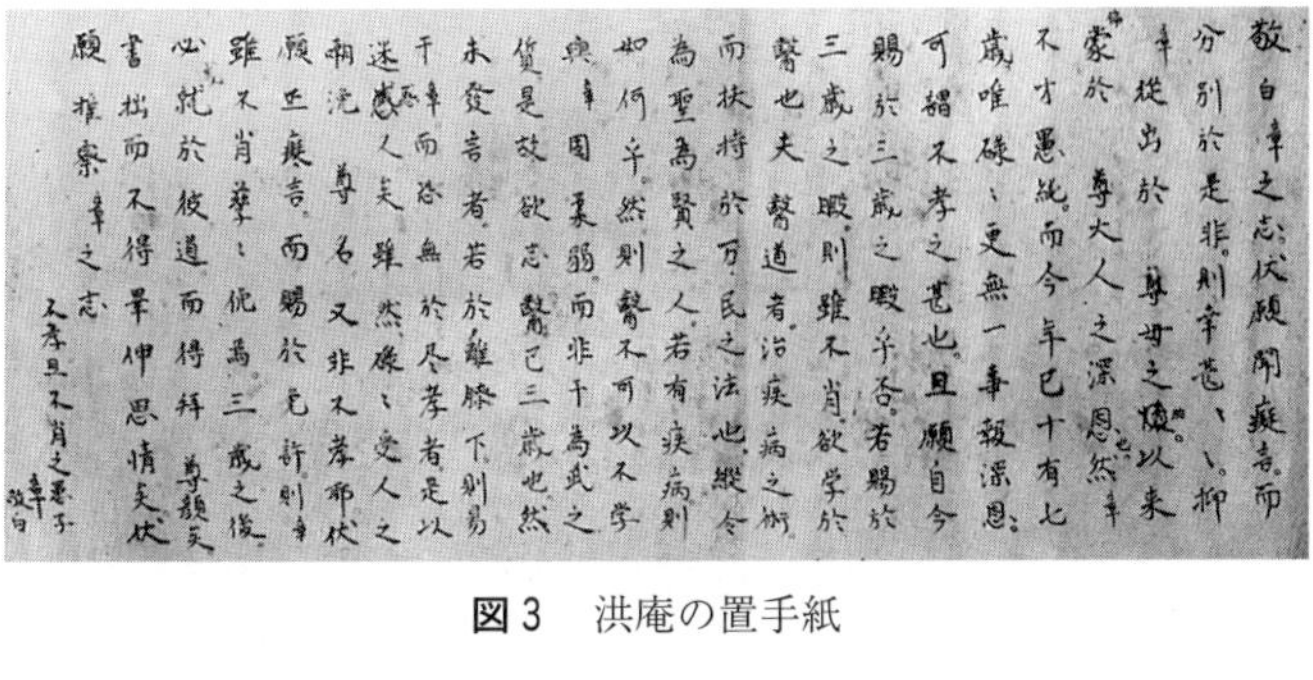

図3　洪庵の置手紙

出て来たと伝えられている。洪庵の兄の惟正の三女の篠岡ハナの談話が、緒方銈次郎述の「緒方洪庵と足守」（昭和二年）の中に載っている。「父（惟正）の話ではなんでも洪庵叔父が医者になり度いと願はれた時に、祖父（惟因）は機嫌が好くなかったらしく、それで叔父が祖父の許（し）を待ち切れずに、此の手紙を書置して、机の上に置き、家を出て大阪に修行に参られたと聞いてをります。」これを受けて、たとえば浦上五六著『適塾の人々』（昭和一九年）には「その手紙を父の机の上におき、ただ一人大阪へとひそかに足守の家を出た。文政九年七月のことである」と書かれている。文政九年（一八二六）の兄惟正の日記「書記」には「同年七月弟騂之助大阪に而中環と云医家天文窮理入門」と記録されている。

以上の資料の記録をもとに、ここに一つの可能性を推理してみる。まず置手紙の文字は稚拙であるのみならず、括弧で示した誤字がいくつか見られる。それだけに若き洪庵が真情を籠めて書いた文章であることがわかるとともに、余程急いで書いて読み直して訂正する暇がなかったことを想像させられる。よく読むとこの文章にはどこにも故郷を離れて出奔するというような表現は見当たらない。

父惟因は、藩としては重要な役職の大坂蔵屋敷留守居役をその前年の一〇月に仰せ付けられ赴任したところである。以後役目柄そう頻繁に足守に帰っていたとは考えられない。かりにこの年の七月に惟因が藩用で一時的に足守に帰ったことがあったとしても、大坂で修行中の洪庵がまた父について帰郷し、また自分一人で先に大坂へ発ったというのは不自然である。

したがって、この置手紙は前年から大坂蔵屋敷内に父と同居していた洪庵が、この年五月にシーボルトが江戸から長崎への帰りに大坂に立ち寄って暫く滞在したのを目の当たりにして、強い刺激を受け、思い余って、蔵屋敷内の父にこの置手紙を残して近くの中天游の蘭学塾へ飛び込んだということではなかろうか。それなら何も置手紙は必要ないように思われるが、篠岡ハナの追憶談にあるように、洪庵はおそらく一旦は口頭でその許可を父に乞うたが許されず、父の機嫌が悪かったので、致し方なくその机の上に手紙を置いて、屋敷を出たということではなかったろうか。したがって篠岡ハナの「（足守の）家を出て大阪に修行に参られた」というのは誤伝ではなかろうか。兄惟正の「書記」の「大阪に而中環（天游）入門」の「大阪に而」という表現もそのことを裏づけているように思われる。さらに前に挙げた『病学通論』の序の文章をもう一度検すると、「於大阪之邸　学文習武　多病不勉強」にすぐ続いて「時聞　有天游中先生　云々」とあり、大阪之邸に居た時に、中天游先生のことを聞いて「於是憣然改轍　服従先生」として、すぐに中天游に入門したと読み取れ、足守出奔の形跡は全くない。しかし「中環へ入門」と言っても必ずしも思々斎塾に入塾したとは限らない。置手紙の後に蘭学志向を父に許された後は中之島の蔵屋敷から江戸堀の中塾へ通っていたという可能性も残っている。

文政一一年（一八二八）二月二五日に惟因と洪庵父子は大坂を発って足守に帰っている。すでにこの時、洪庵は中天游塾に入門して一年七ヵ月経っている。この頃は洪庵の蘭学志向、天游塾入門も父惟因に許されていたのであろう。同年七月二二日の惟因の「書記」に次のように書かれている。

同年七月廿二日次男（実は三男）騂之助儀、大坂表へ執行ニ差遣候ニ付、願書左之通差出候、廿七日願之通相済、廿八日出立差登ス。
奉願口上覚
（前略）此度大阪京町堀中環方え一両年之間差遣置度奉存候（後略）

と洪庵の蘭学修業を藩に正式に届け出ている。要するに文政九年からの二年間の天游塾修業は父の蔵屋敷においての私的な修行の一部として、内々の処理ですまされていたのを、この時になって正式に藩に公的届けを出したということであろう。

最後に、置手紙の内容についてもう一つ触れておきたいことがある。「欲志医已三歳也、然未発也」という語である。この置手紙を書いて決心を発するようになったのは、上に述べたようにシーボルトの来阪が動機になったであろうが、西洋医学を志したのはその三年前からであると言っているのである。

三年前というのは文政六年（一八二三）で、洪庵はまだ足守に居た一四歳の時である。足守の地でこの若い洪庵の心に蘭医学の魅力の燈を灯したのは一体何であったろうか。この頃日本中を席巻したような疫病の流行もなかったので、そのような社会現象に触発された動機も考えられない。この文政六年（一八二三）にシーボルトが長崎に来ている。長崎に開かれたシーボルトの鳴瀧塾に岡山からも児玉順蔵をはじめとして二、三名の者が入門している。後年、適塾へも来て親しく洪庵と交わっている順蔵は文政五年（一八二二）に岡山藩を脱藩して長崎に赴き、シーボルトに二年間就いた後、やがて岡山へ帰っている。その頃洪庵は順蔵に会って直接の影響を受けたことはなかったにしても、年齢が五歳上とさして違わない順蔵の噂は洪庵の耳に入っていたこともあり得ると思われる。そんなこともあって、シーボルトが長崎に来て、かつてわが国にはなかった西欧の新しい学問を伝えているという情報は若き洪庵の心をゆさぶって、西洋医学に身を投じたいとの思いに駆られたとしても不思議でない。

そのシーボルトが江戸参府旅行の帰りに大坂に立ち寄ってしばらく滞在したのが文政九年（一八二六）五月で、前述の洪庵の置手紙の書かれた二ヵ月前である。その時大坂の蔵屋敷に居て修業中の洪庵が、来阪したシーボルトを目の当たりにして、ついに洪庵の宿望が発して、あの置手紙を書く決心に走らせたとの推理が許されるのではなかろうか。

（二）洪庵の長崎行と婚約

洪庵は中天游のすすめで、文政一三年（一八三〇）四月に大坂を発って江戸に赴いた。江戸では当時の蘭医学の大家であった坪井信道の門に入り、研鑽を積み、多くの蘭書を読破し、数篇の蘭書を翻訳して、蘭学者としての実力を深めた。さらに師信道の学問の宗家筋に当る宇田川榛斎にも就いて西洋薬物学を学んだ。

洪庵が江戸へ来て四年目の天保五年（一八三四）の一二月四日に宇田川榛斎が死去した。その二ヵ月後の天保六年（一八三五）二月二日に江戸詰の任を終えて国へ帰る父惟因とともに、洪庵は江戸を発って足守へ向かっている。洪庵がなぜこの時、江戸を離れたか、それは長崎行きがその動機であったかどうかを探るのがこの節の目的である。当時の洪庵の学力を以ってすれば、江戸で十分の評価を受けて一家を成すことは容易であったろう。特に榛斎が逝った後の江戸では洪庵は江戸の蘭学にとって重要な人材として注目されていたはずである。それにもかかわらず榛斎の死の直後に江戸を去ったのはなぜであろうか。後に詳しく述べるように、その時点ではやはり洪庵は大坂に居を構えて、旧師中天游の衣鉢を継ぐことがもっとも強い動機ではなかったかというのが私の推測である。

江戸を発って二〇日後の三月一二日に洪庵は父とともに足守に帰っている。その途中、大坂に立ち寄って中天游と話し合っていないとは思えない。その三月二四日に天游が死去した直後の二七日に足守を発って大坂に向かい、四月二日に大坂に着いて直ちに天游の子の耕介を援けて蘭学教授の任に当たり、中塾を継いでいる。この素早い対応は洪庵が江戸に居る時から天游との間に文通による話し合いが進んでいて、おそらく天游の健康状態のこともあって、早く大坂に帰ってくることが促されていた可能性が大きい。やはりこのことが洪庵が江戸を去るもっとも大きい理由ではなかったろうかと考えたくなる。

洪庵が足守を経った日の三月二七日は天游の死後三日目である。当時の大坂、足守間の行程は五日間が普通であるので、飛脚による通報があったにしても速やか過ぎる。そうとすれば死の直前に天游との談合でその後の去就が決まっていたとの推測が裏づけられる。洪庵が中塾で蘭学教授を始めたことはすぐに周囲に伝わり、その直後に京都から徳島出身の高畠耕斎が駆けつけて入門している。洪庵の門弟第一号であろう。

その後、同年一二月三〇日に洪庵は足守に帰った時に、はじめて長崎行を伝えるとともに、億川八重との縁談を打ち明けている。洪庵の兄、惟正による記録「書記」には次のように記されている。

一、同年（天保六年）同月（一二月）晦日判平大坂より帰ル
同年同月晦日舎弟判平自大坂帰ル　正月五日出立帰坂之上長崎表え出張之積り也、且又同人妻縁内々相断旁罷下リ候也

一、天保七年申年正月五日判平出立大坂へ帰ル、大坂ヨリ長崎へ出張之心得也、二月十日大坂出立長崎へ下ル、緒方洪庵ト変名

判平とは洪庵のことである。この記録は重要である。まず、この時はじめて洪庵は長崎行の日程を伝えるとともに、足守で進められていた縁談を断っている。ということは長崎行と八重との縁談のことは、その年の春に足守に帰省した時にはその話は出ていなかったか、決定的な段階にはなかったことを意味している。

推察するに同年三月江戸から足守へ帰る途中、大坂に立ち寄った時に、中天游から億川百記の娘八重との縁談が出たのではないか。百記は天游の思々斎塾門下で、洪庵の先輩に当っていた。現在の兵庫県西宮市名塩の地で製紙業を営むとともに天游の門をくぐり医学にも通じていた。かねてより後輩の逸材洪庵に目をつけていて、あるいは百記の方から天游に頼んで長女八重を娶せようとしたのでは

ないかと思われる。そのことは次に示す藤田源三郎の手記「我家ノ回顧談」によっても推理される。しかし三月の段階ではたとえ天游が口を切っていたとしてもまだ具体的な縁談にまでは進んでいなかった。したがって足守ではそれを知ってか知らずか、別の縁談を洪庵に持ち出していたわけである。ただし「書記」の「同人妻縁内々相断」の断わるという語には拒絶の他に云いわけの意味もあるので、ただ億川家との縁談を報告したともとれる。いずれにしてもこの時、洪庵の縁談が足守で受け入れられたことに変りはない。藤田源三郎は億川家と同じく名塩の名家で源三郎の父源太は百記と親交があった。「我家ノ回顧談」には次のように述べられている。

而シテ百翁（百記）ソノ後モ屡々大阪ニ至リテ、先生（中天游）ノ教ヲ受ケシガ、重ネテ先生ノ御厚情ニ依リテ、娘八重女ハ緒方洪庵先生ト婚約ヲ結ベリ。

これによって洪庵と八重の縁談は天游の仲介が決定的役割を果したことがわかる。「我家ノ回顧談」には続いて次のように述べられている。

此ニ於テ百翁（百記）、余ガ父源太ニ頼ミ、叔父源二郎、親友弓場五郎兵衛、木村新右衛門、馬場儀三郎等諸氏ノ助力ヲ得テ、頼母子講ヲ設ケ、ソノ金子ヲ洪庵先生ニ送リ、以テソノ長崎遊学ノ資トナセリ。

これによって洪庵の縁談には長崎遊学資金援助の条件がついていたことが明らかである。当時の長崎遊学は現在の欧米への外国留学に匹敵するもので、蘭学に志す者にとっては一度は憧れる夢であった。このような長崎遊学を合わせた縁談の例は当時少なからずあった。洪庵は恩師の厚情を受け入れるとともに長崎行きが実現できるこの縁談を断る理由はなかった。この八重との縁談は天游の死後、洪庵の在坂した四月から一二月の間に固まったものと思われる。

　はじめに問題提起したように洪庵は江戸を出る時は長崎行きは決定しておらず、それが主目的の離京ではなかったのではないかというのが、この考察の結論であるが、ここに至ってその夢がはじめて現実化したと解される。それらのことの区切りをつけるために足守へ帰った洪庵は年が明けた天保七年（一八三六）一月五日には足守を発って一旦大坂へ戻り、翌二月一〇日に天游の遺子耕介を伴って大坂を発ち長崎へ向かっている。なお「書記」の記録によって、「洪庵」の名が使われたのはこの長崎遊学が契機であったことがわかる。

　念願の長崎に着いた洪庵は二年間そこでどのように過ごしたのであろうか。洪庵の生涯でもっとも事蹟がよくわからぬ期間である。長崎滞在中に箕作阮甫の編集した『泰西名医彙講』に「治義膜喉焮衝新法略説纂要」と「卵巣水腫紀事」の訳稿を寄稿している。またその時長崎に来ていた青木周弼、伊東南洋との共同労作として「袖珍内外方叢」を訳出したことが知られている。その他に大音寺籠町に住んで開業していたこと、大坂から後を追ってきた徳島の高畠耕斎や新たに筑後からきた薬師寺冬堂が洪庵の最初の門下生として弟子入りしたことがわかっているくらいで、その他の長崎における洪庵の動静は明らかでない。

最も重要であるのは洪庵が長崎でオランダ人の誰に接し、誰からオランダ医学を学んだかという点である。浦上五六『適塾の人々』（昭和一九年）には「（洪庵が）就いた師はわからぬが、当時の和蘭商館長ニーマンは博学の士であった。だから洪庵もニーマンに学んだろうといわれてゐる」と述べられている。緒方富雄『緒方洪庵伝』第一版（昭和一七年）にも「（洪庵は）一般には蘭医ニーマンという人について学んだといふことになってをりますが、ニーマンは当時の和蘭商館長であります。博学の人らしく、この人に学んだのかも知れません。いづれ和蘭人医者について学んだのでありませうが、名はわかりません」と言われている。

梅溪昇氏は『洪庵・適塾の研究』（平成五年）の中でこの問題を編年的に追求されて、蘭医ニーマン説は大槻如電の『新撰洋学年表』（昭和二年）の「和田（佐藤）泰然、小林（林）洞海、長崎に遊学し、蘭医ニーマンに就学」の記事に発することを突きとめられ、さらにそのもとは洪庵の墓碑銘にあると判断された。

洪庵の二つの墓のうち、大阪龍海寺の草場韡（佩川）の碑文には「遊長崎親炙窩蘭医、質平生所疑以得竭蘊奥」とあり、東京高林寺の古賀増（茶渓）の碑文には「西遊長崎、親炙荷蘭医三年」と撰されている。梅溪氏はさらにその根源は洪庵の自著『病学通論』（嘉永二年・一八四九）の序文にあると推定された。この序文は洪庵の師、坪井信道によって書かれ「我榛斎先生、有於此使緒方公裁、青木周弼、訳原病書数部、欲以折衷衆説帰諸簡明也。亡幾先生捐館遺命、公裁継其志。公裁乃遊長崎、親接蘭客、反覆質疑、再取原書而鑽研之」と誌されている。すなわち「宇田川榛斎は公裁（洪庵）と周弼に原病書数部を訳して、これらを折衷して簡明な訳書にまとめさせようとした。榛斎先生亡き後、公裁がその志を継いで長崎に遊び蘭客に親しく接して、質疑をくりかえし、再び原書に当って研鑽した」という意味である。それによって、洪庵と周弼が長崎で共訳したのが前述の「袖珍内外方叢」であり、洪庵がこれを集大成したのが、後の『病学通論』であったのであろう。

この信道の序文は洪庵自身が見ている文章で、偽り、誇張はあり得ない。その中の「遊長崎、親接蘭客、反覆質疑」の語は師の信道が長崎での洪庵の所業を熟知して書いた文章であるからこれ以上の信憑性は望めない。その信道が「蘭客に親接し」と記したことが後々に議論を呼ぶことになったのである。

昭和五〇年に至って酒井シヅ氏は「蘭館長ニーマンと長崎留学生」（『日本医史学雑誌』）の中で、ニーマンの履歴をオランダハーグ文書館蔵のオランダ東インド会社職員歴の中に見つけられた結果を報告されている。それによってニーマンが医師であったことは否定され「ニーマンの弟子であった可能性のあるのは佐藤泰然一人である。しかしそれは特に医学を学んだのではない」と断定された。これによって洪庵が蘭医ニーマンに学んだという説は消えることになる。しかし梅溪氏は信道の序文の語の「蘭客」に注目され、蘭客には良友の意があり、当時長崎に居た日本人の良友青木周弼、伊東南洋、沢井桂等を指す可能性を指摘された。

以上洪庵が長崎でニーマンに就いたか否かの問題に対する先人達の調査結果をまとめて紹介した。私自身これらの諸説に新しく加える資料を持ち合わせていない。しかし信道の序文の「遊長崎、親接蘭客、反覆質疑」の語を素直に読み返してみると、やはり「オランダ人に親しく接して、かねて抱いていた蘭書に関する疑問をくりかえし質した」と読み取りたいと思う。「親接蘭客、反覆質疑」という表現は日本人に対してはそぐわない感を否めない。

余計なことではあるが、後年の安政六年（一八五九）九月一二日付の洪庵の武谷椋亭宛の書簡（緒方富雄、梅溪昇編『緒方洪庵のてがみ　その四』平成八年）に嫡子惟準を長崎に送る時の心境を語っている。

長崎ポンペ、シーボルト抔相集り盛ニ在之候よしニ付、豚児遣し度と存候処、諸生之風俗悪敷よし被仰下、御懇切奉謝候。乍併一応ハ西洋人ニ親炙為致度存し候ニ付、近々嫡子平三（惟準）事差下し候積に御座候。

長崎での書生の風俗が悪いからとの忠告を椋亭から受けたにもかかわらず、嫡子惟準を敢えて長崎に送る決意をしたのは「西洋人に親炙させたい」という洪庵の強い希望があったからであることがわかる。自分の息子を西洋人に親しく接しさせたいとの願いは洪庵自らがかつて長崎滞在中にオランダ人に親しく接した体験をもとにしているというのが私の推測である。したがってこの「蘭客」はやはりオランダ人と見たいと思うが、それが果たして誰であったかは依然として謎として残る。しかし当時の出島に滞在していたオランダ人の中で洪庵の質問に答えられるのはやはり博識のニーマンをおいてはなかったろうとは思う。

二　洪庵と適塾

（一）瓦町適塾の位置と移転の年

天保九年（一八三八）、緒方洪庵は長崎遊学を終えて、一旦足守に帰った後、三月二三日に足守を発って大坂へ出てきて、瓦町に適塾を開いた。これは洪庵の大坂における医業の開始と同時に、教育者としての洪庵の出発であった。その塾へは長崎時代から洪庵に師事していた薬師寺冬堂や高畠耕斎の他に、洪庵の故郷備中からは大戸郁蔵と山鳴大年も馳せ参じて弟子入りし、後に有名になる適塾の基を築いた。

その最初の適塾は瓦町にあったと伝えられているだけで、正確な位置がわからない。大坂医師番付（『大坂医師番付集成』思文閣出版、昭和六〇年）によれば、緒方耕（洪）庵の住所は、天保一一年（一八四〇）、一二年（一八四一）、一五年（一八四四）、弘化二年（一八四五）を通じて、いずれも瓦町となっているだけである。瓦町の町名は現在でも大阪市内に残っていて、東横堀から西横堀にいたる東西の通りで

図4　弘化改正大坂細見図

ある。この一キロに及ぶ長い通りの何処にあったかが問題である。その位置は瓦町の現在の御堂筋を東に入った辺りという説があるがその確たる証拠もなく疑問が残っていた。

私の適塾門下生調査において、『佐倉市史』を読んでいて「適々斎塾姓名録」に記名していない塾生の串戸瑞軒を見つけた。それは佐倉藩の「保受録」の弘化二年（一八四五）三月六日の項に、瑞軒が「大坂瓦町御霊筋緒方洪庵江寄宿修行仕度段、願之通り仰せ付けらる」とある記述に拠ったが、ここに瓦町御霊筋と出ている。大坂の街路は東西を町または通と呼び、南北を筋と呼ぶ習わしで、御霊筋は御堂筋の一筋西の南北の街路である。したがって瓦町と御霊筋とが交わる場所となると、現在の瓦町四丁目、津村別院いわゆる北御堂と御霊神社の間で、瓦町を御堂筋から西に入った辺りということになる。

その後また別の門下生で初期の適塾生武谷祐之の自叙伝「南柯一夢」を繙いていて、次の記事に遭遇した。「相生橋瓦町緒方洪庵先生ニ束脩ヲ行ヒ就テ学ヘリ。塾ハ楼上ニテ塾生四五十云々」と書かれている。瓦町通が西横堀を渡る橋は新天満橋または瓦町橋と呼ばれていて、相生橋はそれより一つ南の備後町通の西横堀にかかる橋である。

以上の二資料を総合すると、初期適塾の位置は津村別院（西本願寺北御堂）の西北で、御霊筋の瓦町通と備後町通の中間あたりあるいはその西側で相生橋に近い位置ということになる。ただし当時の地名に対する感覚は現在とは違っていて、それほど正確でない場合が多い。したがって右の結論にもまだ疑問符をつけたままで、後日の再検討に委ねたい。

　次に問題になるのは適塾がこの瓦町から過書《かいしょ》町、現在の北浜三丁目の位置にいつ移転したかということである。この移転年については長く天保一四年（一八四三）一二月一五日であると信じられてきた。推測するに、その一つの理由は「適々斎塾姓名録」の見返に「姓名録　天保十五年甲辰孟春自始　適々斎」と誌されていたことであると思われる。瓦町から過書町の新塾へ移った機会に、その翌月の新年に「姓名録」が新調されたと想像するにふさわしい記録である。

　昭和六〇年頃までの適塾に関するすべての記録にはこの移転年を天保一四年（一八四三）とされている。私は偶々適塾生村上代三郎が西山静斎に宛てた書状を調査していた時に、この移転の年についての疑問が出てきた。代三郎の日付のない一つの書状に「霜月廿八日御認之御書状当十一日相達夫々拝見仕候」とあり、これは静斎の霜月（一一月）二八日付の書状に対する返書であることがわかる。この書状に重要な情報が二

図5　適塾正面

件書かれていた。一つは「然ハ玄哲君事死去之由、先生家始御塾中一統た丶々驚入候」で、他は「頃日ハ師家も転宅有之混雑中」という記事である。前者の玄哲の死亡年月が判ると、適塾の移転年が確定できるというわけである。

代三郎は天保一一年（一八四〇）に瓦町時代の適塾に入門して、その後九年間在塾していた。書中の玄哲とは後藤玄哲のことで天保一五年（一八四四）に入塾して、弘化二年（一八四五）一一月二六日に若狭で人に殺されたことが別の調査でわかっていた。その死去の翌々日に静斎がその情報を入手して、直ちに適塾に居る代三郎に急報したとすると、この代三郎の返書の日付は弘化二年（一八四五）一二月初旬であったと推定できる。書状の中のもう一つの情報は明らかに適塾の移転の様子を伝えている。それは過書町の移転年月が一二月一五日であったこととも符合することとなり、移転年は天保一四年（一八四三）ではなく、弘化二年（一八四五）と二年繰り下げねばならないことになる。

この時点で私はその目で、もう一度手持ちの資料の再検討を試みた。前に述べた佐倉藩の「保受録」には串戸瑞軒は弘化二年三月六日に、また同藩の新保朔茂は同年三月一三日に相前後して、大坂瓦町の緒方洪庵に修業したと記載されている。すなわち弘化二年三月には適塾はまだ過書町へ移っていなかったことを証している。

さらには前述した大坂医師番付の洪庵の住所を再見するに、天保一五年（一八四四）二月、弘化二年（一八四五）四月、同年一〇月の何れにも瓦町となっている。それに対して弘化三年（一八四六）五月の番付に至ってはじめて過書町が出てくる。医師番付は患者の診察にかかわる重要な情報であるから、その町名が誤記される可能性はないと考えると、適塾の瓦町から過書町への移転は弘化二年（一八四五）一〇月以後、同三年（一八四六）五月以前の期間ということになる。

以上の諸事実より、私は適塾の移転は従来信じられてきた天保一四年（一八四三）ではなく、二年降って弘化二年（一八四五）一二月一五日でなければならないという結論に達し、『適塾』第一九号昭和六一年に「西山静斎書状について—適塾移転の年は改めらるべきこと—」として発表した。

誠に事は奇なるものである。『適塾』誌の同じ号に、杉立義一氏は「新資料より見たる適塾の過書町への移転及びその名義の移動について」の論考を寄せられ、新しく入手された適塾家屋敷の買収、移転、資金に関する資料を基に、過書町転居が「弘化二年巳十二月」であることを直接に証明された。このことによって、移転年に関する疑問は氷解し、弘化二年（一八四五）であることが確定した。それにしても、たとえば、大坂医師番付などはこれまで多くの人々の目に触れているはずであるのに、誰もが気がつかずに誤った事実を杉立氏と私が同時に独立して見つけたというのも不思議なことである。

（二）姓名録の署名

適塾には天保一五年（一八四四）から元治元年（一八六四）に至る二一年間にわたる塾生の「姓名録」（図6）がある。この「姓名録」には明治の日本の近代化の主役となって活躍する多くの有名な適塾出身者の若き頃の自署が残っていることからも重要な資料として知られている。現物は緒方家から日本学士院に寄贈されて保管されているが、昭和五一年に丸善からその復刻本が刊行された。また緒方富雄著『緒方洪庵伝』（岩波書店、昭和一七年）の中にはその全容が活字として公表されている。

この「姓名録」を仔細に検討すると興味ある事実が発見されるとともに不明や不可解の部分が少なからずあることがわかった。この項ではこれらをまとめて報告する。

「姓名録」の扉には次のように記されている。

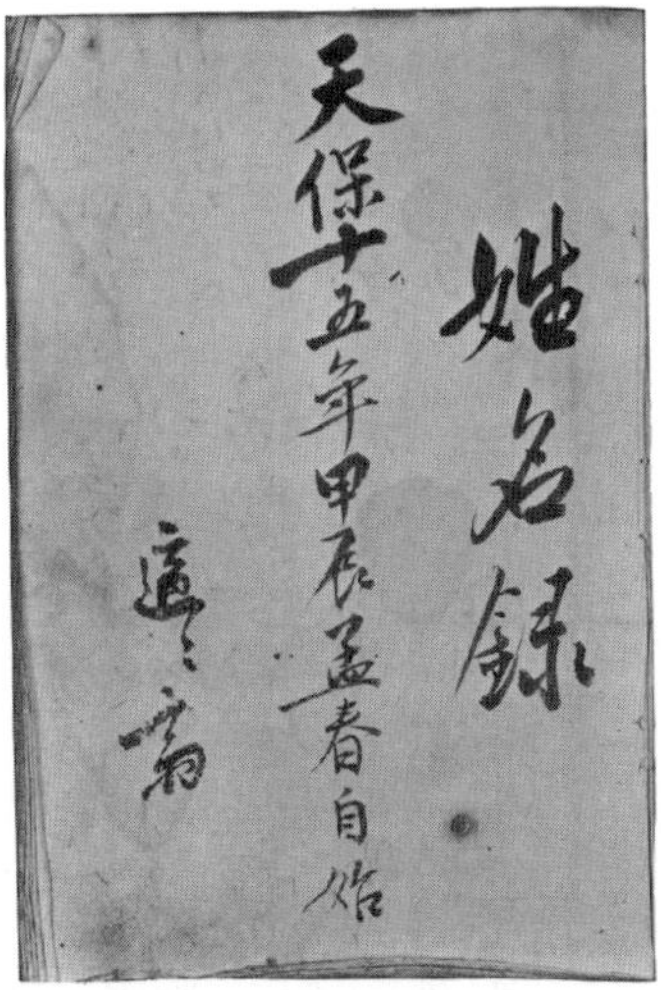

図 6　「適々斎塾姓名録」

姓名録
天保十五年甲辰孟春自始
適々斎

それでこの「姓名録」を「適々斎塾姓名録」と呼んでいる。この「姓名録」は適塾が瓦町から過書町へ移ったのを機に書き始められたとされ、したがって適塾移転は天保一四年（一八四三）一二月であるとする説が長年行われていたが、それが誤りであることがわかったことは前項で述べた。適塾の移転の年は弘化二年（一八四五）であることが明らかになったから、この「姓名録」は瓦町時代から始まっていることになる。

「姓名録」の署名総数は六三八名であるが、この中の二名については同一人物の名が二回記録されている。その二名とは二一番の西敬次と二四一番と二四二番の間に記名されている西有慶、ならびに二〇六番の宮永勤斎と二三六番の宮永良山でそれぞれ同人物異名である。「姓名録」には塾生番号は記載されていないが、緒方富雄氏がその著『緒方洪庵伝』昭和一七年に全塾生名に記載の順番に番号付けされたものが、後の『都道府県別　適々斎塾姓名録』（適塾記念会、昭和三五年発行）にもそのまま採用された。この塾生番号は改変されると混乱を招くので、筆者も「適塾門下生調査報告」などではこの塾生番号を用いている。しかし前掲の西有慶は「姓名録」に「再出」と書かれているので番号付けはされていない。一方では宮永勤斎と良山は別々に番号が付されている。したがって「姓名録」に記名されている塾生名総数は六三八名であるが、番号付けは六三七番までで、実際は六三六名の人物が掲載されているということになる。

原則としてそれぞれの記名は入塾または入門の年月と出身地または出身藩の名の後に塾生本人の名が署名されている。本人の名の右方に父または兄の名が記されたものもあり、本人の号や別名も時に記されている。この入塾（門）の年月（日）は時に前後することはあっても大体順番に並んでいる。ところが一番の有馬攝蔵から七〇番の俣野整記までの七〇名については全く入門年月日の記載がない。それに続く七一番の弘化三丙午（一八四六）五月一六日入門の内藤信郷以後は最終の六三七番大野貞斎まで原則として入門年月が記載されている。

適塾が瓦町から現在の地の過書町へ移ったのは弘化二年（一八四五）一二月であるから、内藤信郷の入門はその半年後である。ということはその前の七〇名は瓦町時代からの入門者が大部分であることになる。「姓名録」の扉に「天保十五年　孟春自始」すなわちこの姓名録は天保一五年（一八四四）の正月から始めたとあるが、それから弘化二年の過書町への移転までの瓦町時代の二年間に七〇名が入門したとは、後の適塾の最盛期ではあり得ても、初期の入門者数としては多すぎる。「天保十五年孟春」はこの「姓名録」が記載され始めた時点を示していて、その時以前の入門者をまとめて記名されたのがこの七〇名に相当すると推測される。

実際にこの七〇名の中で他の資料からその入門年月が判明している者を番号順に並べてみる（表1）。中にはその入門年に正確を欠くものもあるが、おおむね年代順に並んでいる。「姓名録」が作られた天保一五年（一八四四）、適塾がまだ瓦町にあった時代に在塾生も何人かは居たであろうが、すでに退塾している者も多かったであろう。この七〇名の名前の筆跡を検するに同一人の手になると思われる個所が多いのはそのためで、不在の退塾生の名を想起して書記係の者が代筆して記録したものと推測される。

代筆といえば「姓名録」のその後の記名にも同一筆跡が続く部分が多い。最も特徴的な同一筆跡が続く部分は「嘉永第三（一八五〇）晩春」から始まる橋本左内を含む二九名の記名の個所である。この中には「妹尾遊玄」とすべきところを「妹遊尾玄」とされている。これは本人では冒すはずのない誤りであり、自署でないことを裏づけている。

表1　初期門下生の入門年

番号	門下生氏名	年
1	有馬　攝蔵	天保11年（1840）
2	小寺　陶中	天保11年（1840）
4	村上代三郎	天保11年（1840）
7	河田　雄禎	天保13年（1842）
9	東条　永菴	弘化元年（1844）
14	宇治田東畡	天保13年（1842）
16	武谷　祐之	天保14年（1843）
17	高橋　文郁	弘化３年（1846）
23	久保　良造	天保15年（1844）
25	小川文之助	天保15年（1844）
34	奥山　静叔	天保11年（1840）
35	後藤　元哲	天保15年（1844）
44	鹿田　勤斎	天保11年（1840）
49	新保　朔茂	弘化２年（1845）
52	村田　蔵六	弘化３年（1846）
53	山縣　玄淑	弘化３年（1846）
64	林　　雲渓	弘化２年（1845）
65	土田　玄意	弘化２年（1845）
69	柳下　立達	弘化２年（1845）

また署名時より後年の追記も多く、たとえば嘉永二年（一八四九）二月八日入門の「伊藤精一」の署名のところには「慎蔵」と付記され、さらに「名慎　字君独　号長洋　安政二乙卯（一八五九）冬十一月　以蘭学仕大野侯」と追記されて三種の朱印が押されている。福澤諭吉の署名は一旦「同年（安政二年一八五五）三月九日入門　豊前中津　中村術平倅　中村諭吉」と書かれた後に貼紙により「同年三月九日入門　中津藩　福澤諭吉」と姓が書き改められている。

その他に本人の署名に添えて、「有故破門」「携梅枝之女遁于江戸」などの他に「以梅毒終可憐」「狂死」「以テーリンク（肺病）死」「死於虎ロリ（コレラ）」など同僚の死を悼む追記が少なからず残っている。

　当時の青年には自名を変名で書き込む風潮が流行した。四一〇番赤祖父昌斎は自らの姓を中国風に「赤」一字に変えて「赤昌斎」と署名している。五〇五番の設楽《しだら》天僕は姓を「震動雷」といかめしく変えて格好をつけている。洪庵夫人八重の甥に当る岸本一郎は六〇〇番に「豊富一郎」と署名している。岸本は八重の弟億川信哉の長男であったが、曽祖母の実家の岸本姓を継いだ。適塾生となった時、大坂出身を誇示するつもりか豊臣秀吉の名にあやかって「豊富一郎」と洒落れたのであろう。

　洪庵は文久二年（一八六二）八月五日、長く住み慣れた大坂を発って江戸へ向い、大坂の適塾は養子の緒方拙斎に委託した。洪庵が大坂を離れた文久二年前後の「姓名録」を調べてみると次のことが明らかになった。洪庵が大坂を去るということは身内以外には直前まで知らされていなかったのであろう。その年文久二年の始めから六月一二日までの半年間にはそれまでのように一四名の入門者の名が記されている。その後洪庵が大坂を発った八月以降はこの年の暮迄に唯一人六一三番の伊勢から入門した大国明二（次）郎が九月一四日に記名されているのみである。大国の入門したのは大坂の拙斎の適塾か江戸での洪庵の許であるかは明確にはいえないが、別に筆者が調査した「大国明次郎姓名録」（『適塾』第二七号、一〇二頁、平成六年）には六六名の大国の知人名が記載されている。その出身地は二名を除いてすべて近畿以西であることを勘案すると、大国の入門したのは大坂の拙斎塾であった可能性が高い。

「姓名録」はその後翌文久三年（一八六三）三月四日までの半年間空白を置いて、六一四番飯村周澤の名が現れる。以後、同年六月一〇日の洪庵の死をはさんで元治元年（一八六四）七月の「姓名録」最後の六三七番大野貞斎に至るまでの一年五ヵ月間に二四名の入門者の名が記されている。ただしこの二四名の記名は皆同一人の筆跡である。この二四名の出身地を調べると、そのほとんどが関東、奥州、北陸であって、それ以前の大坂適塾の入門者の出身地分布と対照的である。

この二四名の中、六一八番北條（池田）謙輔、六二九番梛野鎌（謙）秀、六三〇番三浦退之助、六三四番関沢安太郎、六三五番近藤岩次郎は洪庵が頭取を勤めていた江戸の西洋医学所に入学していたことが明らかになっている。他は最後の六三七番大野貞斎など二、三の者についても明確な記録はないが、前後の事情から大坂適塾ではなく、江戸医学所にはいったと推測される。その他の不明の者も大坂適塾へ行ったと比定される者は一名もいない。

洪庵が江戸に出てきているのにわざわざ大坂の適塾へ出向く者はなく、殊に洪庵没後の文久三年（一八六三）六月以降も拙斎の塾へ行くよりも西洋医学所へ入ろうとするのは当然であろう。しかし元治元年（一八六四）三月に洪庵亡き後の拙斎の大坂適塾に入門した竹内海三がいた例も知られている。この竹内の名は「姓名録」には見出せない。

以上のことを合わせ考えると、結論として洪庵が江戸へ移ってから約半年後の文久二年の末頃か翌年の始め頃に「適々斎塾姓名録」は大坂から江戸へ回送されて、洪庵の名を慕って西洋医学所へ集まってきた者がこの「姓名録」に記名し続けたというのが筆者の推論である。したがって適塾は最後には江戸へ移っていたと考えられないこともない。

（三）ヅーフ部屋と諭吉の階段の位置

私が長年疑問に思っている適塾の中のヅーフ部屋の位置のことを述べてみたい。ヅーフ（H. Doeff）とは寛政一二年（一八〇〇）に長崎に来たオランダ人で、後に出島の商館長となり、日本人通詞の協力を得て、蘭日辞書を作成した。この辞書はヅーフ辞書と呼ばれて、適塾時代は写本として伝わっていて、安政二年（一八五五）になってはじめて『和蘭字彙』として出版された。適塾の塾生達はこの写本のヅーフ辞書を会読のために利用した。当時、適塾にはその写本が一揃いしかなく、その辞書のために特別に一部屋が設けられて、ヅーフ部屋と称され、昼夜を措かず、塾生がこの部屋でこの辞書を繙いた。

そのヅーフ部屋は現在二階の塾生部屋の南側に接して、くぐり戸を入った小部屋が当てられている。これは適塾改築以前から伝えられてきた位置で、修復後もこの場所に比定されて今日に至っている。しかし私はかねてより、この位置に疑問を抱いていた。福澤諭吉の『福翁自伝』には「いよいよ明日が会読だと云ふ其晩は、如何な懶惰生でも大抵寝ることはない。ヅーフ部屋と云ふ字引のある部屋に、五人も十人も群をなして無言で字引を引きつゝ勉強して居る」と書き残している。長与専斎の『松香私志』にも「ヅーフ部屋には徹宵の燈火を見ざる夜ぞなかりし」と書かれている。現在のヅーフ部屋の南側は女中部屋と伝えられている。ヅーフ部屋のふすま一つ隔てた隣の部屋に女中が寝ているという状況はどうも不自然である。また修復工事の時に、このヅーフ部屋と塾生部屋との間のくぐり戸はなく壁で閉じられていたという調査結果が出ている。この部分が壁であったことは後述の「緒方洪庵展図録」(昭和三八年)の中の平面図(図7)でもわかる(図7の2階平面図の21と24の部屋の間にくぐり戸がない)。しかし適塾時代から壁で閉じられていたかどうかはわからない。かりに閉じられていたとすると、ヅーフ辞書を見たい塾生は塾生部屋から一旦階下へ降りて、台所を抜けて、別の階段を上り、女中部屋を通ってヅーフ部屋に入るとは到底考えられない。

ということで、いよいよもってここはヅーフ部屋にはふさわしくなく、別の位置にあったのではないかという疑いが濃くなってくる。石河幹明著『福澤諭吉伝』第一巻(昭和七年、岩波書店刊)の一九一頁に「緒方洪

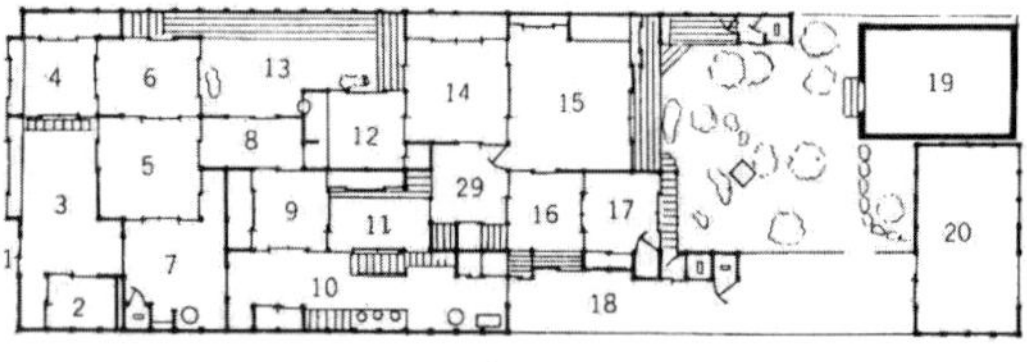

(1階平面図)

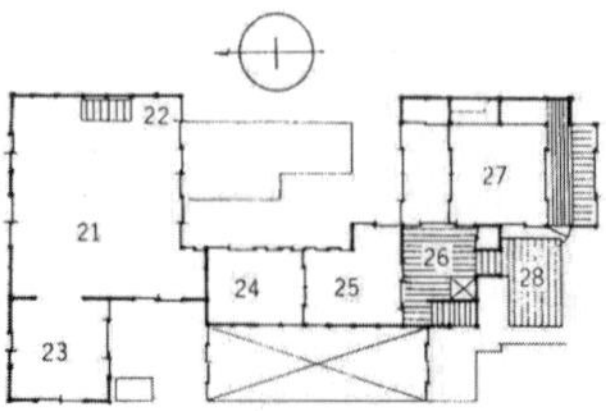

(2階平面図)

図7　適塾平面図

庵の書斎」という写真（図8）が掲載されている。これは一階奥の間の隣室から北側に向けて撮られた写真で、右側に見える中庭を巡る回廊、書斎の位置などほぼ現状のままである。この写真の下に「左端の通路の向ふ側が、いはゆるヅーフ部屋と称する三畳の間」と注されている。

さらに、この『福澤諭吉伝』の完成を記念する展覧会が、昭和七年二月に慶應義塾で開かれた際に『福澤先生伝記完成記念展覧会目録』なるものが刊行されている。その中にいずれも緒方富雄氏出品のヅーフ部屋に関係した次の三点の写真が挙げられていて、それぞれに注釈が付されている。

図8　緒方洪庵の書斎

九六　適塾裏側写真　中庭の左側はヅーフ部屋と洪庵先生の書斎
九七　緒方先生の書斎　写真　左側の入り口はヅーフ部屋に通ず
九八　ヅーフ部屋　写真　ヅーフ・ハルマ辞書の置いてあった部屋　隣室の丸窓のあるのが洪庵先生の居間

この中の九七の写真がおそらく前述の『福澤諭吉伝』の写真と同じか、同じ角度で撮られたものであろうと思われる。九六と九八の写真は残念ながら現在その所在がわからないが、それらの写真の注釈を仔細に読むと、このヅーフ部屋は洪庵の書斎に隣り合う北側の位置にあったと読み取れる。とす

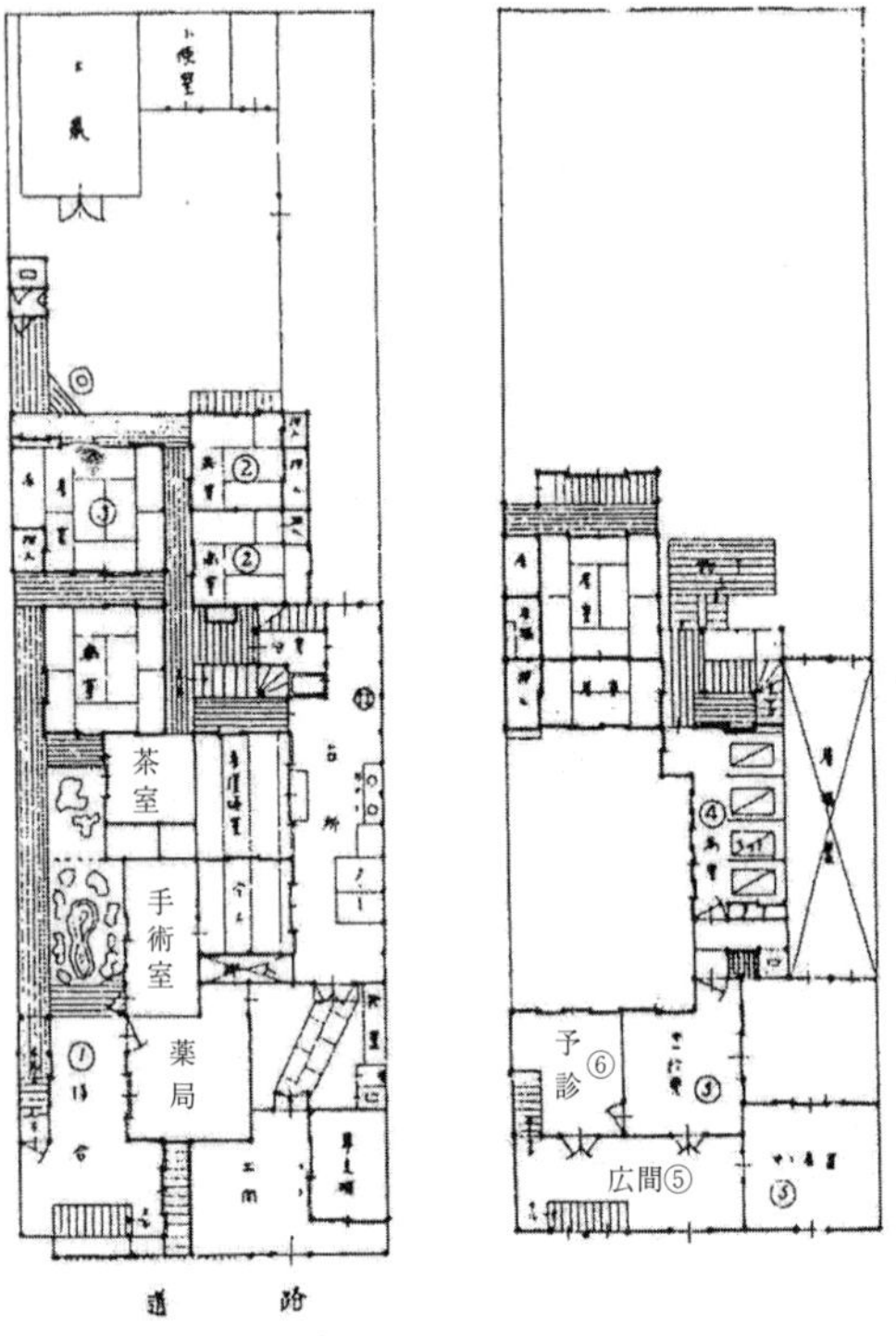

第一階平面　　第二階平面

図9　華陽堂病院（旧適塾）平面図

れば、現在は存在しないが中庭の洪庵の書斎の裏側にヅーフ部屋として三畳部屋があったのではないかとの想像が成り立つ。この『福澤諭吉伝』と『福澤先生伝記完成記念展覧会目録』については、梅溪昇先生の教示を受けた。ここに感謝申し上げる。

別の資料として、『医譚』第三号（昭和一三年）に池田谷久吉氏が「緒方洪庵適塾趾」の一文を寄せられている。この中に昭和一二年当時、旧適塾の建物を使用していた華陽堂病院の平面図（図9）が掲載されている。その「第一階平面」の図を見ると、茶室（洪庵書斎）と薬局（現受付室）との間の、現在は狭い渡廊下のある位置に手術室なる一部屋が存在していたことがわかる。これがあるいは適塾時代のヅーフ部屋の名残りではなかったかと推測される。同じ部屋は昭和三八年に洪庵一〇〇年忌を記念して開かれた「緒方洪庵展図録」の中の1階平面図（図7）にも出ている8番の部屋がそれである。

ということで、書斎の北側に接して小部屋があった事実はどうやら間違いない。問題は果たしてそれがヅーフ部屋であったかどうかということであるが、それに対しての決定打が出てこない。長与専斎の『松香私志』にもヅーフ部屋は「三畳敷許りの室」と記されている。その点でも二階の現ヅーフ部屋はそれより大きすぎ、階下の問題の部屋が狭く細長いので専斎のいう「三畳敷許りの室」により適しているように思われる。

以上の推論で終りたいのであるが、しかし、しかしである。洪庵の孫の銈次郎氏は『医譚』第七号（昭和一五年）に「ヅーフ部屋の話」を寄稿しておられる中で、次のように述べておられる。

> 石川《（ママ）》幹明氏著福澤諭吉伝第一巻第一九一頁に載せてある緒方洪庵の書斎写真挿図の解説に「左端の通路の向ふ側がいはゆるヅーフ部屋と称する三畳の間」と示してあるが、これは全く謬りであって、洪庵書斎の北の間は四畳敷であり、洪庵の代には教室として使用されて居た部屋なのである。但し現在は手術室に改造されてゐる。

以上ヅーフ部屋の位置について詮索を重ねた結果の結論はやはり適塾の謎と言わざるを得ない。

もう一つ詮索したいのは『福翁自伝』に出てくる階段の位置の話である。『自伝』には次の様に書かれている。

ある夜私が二階で寝ていたら、下から女の声で「福澤さん福澤さん」と呼ぶ。私は夕方酒を飲で今寝たばかり、うるさい下女だ。今ごろ何の用があるかと思ふけれども、呼べば起きねばならぬ。夫れから真裸体で飛起て、階段を飛下りて「何の用だ」とふんばりたかった所が、案に相違、下女ではあらじ、奥さんだ。何うにも斯うにも逃げやうにも逃げられず、真裸体で坐ってお辞儀も出来ず、進退窮して実に身の置処がない。奥さんも気の毒だと思はれたのか、物も云はず、奥の方に引込で仕舞た。

現在二階の大部屋の塾生部屋には東側に復元された急な階段が付けられている。『自伝』の状況から見ると、諭吉は階段に近い所に寝ていたことになる。塾生達は先輩から塾生部屋の良い場所を順次占めて行く習わしになっていたから、この階段の上は末席にあたり、塾頭の諭吉の場所としてはふさわしくないとまず思われる。

諭吉が塾頭をしていた頃の塾生部屋の様子を伝えた記録に小川清介の自伝「老いのくり言」がある（『適塾』第一七号、昭和五九年、一九九頁、拙稿参照）。それには、

塾中三区ニ分レテ、大部屋トテ四十畳、又自然窟トテ十畳、之ハ四級以下八級迄ノ生徒ノ居所。別ニ清所ト言テ三級以上ノ人ノ居所ニテ十畳余アリ。

と書かれている。四〇畳の大部屋は現在のままであるとして、自然窟と清所が何処であったかが問題である。現在の大部屋の西側に一〇畳程の小部屋が続いている。塾頭の諭吉が二階に居たとすればま

ずこの部屋が清所でなかったかという推測もあり得る。じつはこの部屋の西北隅に一階玄関横に降りる階段があり、現在は使用されていないが、その跡が残っている。八重夫人は奥の間から台所を通ってこの階段の下から諭吉を呼んだのではないかという可能性が出てくる。とすれば、小川清介のいう一〇畳位の自然窟はどの場所であったかという次の問題が出てくる。あるいはこれは階下の現在の受付の間か、その東側の間であったかもしれないと想像するが、清所を含めてその位置を確定する資料はない。

ここで再び『福澤先生伝記完成記念展覧会目録』を見ると、やはり緒方富雄氏出品の九九の番号の写真の注として、次の記載がある。

九九　適塾内の階段　「福翁自伝」に福澤先生が真赤裸で洪庵先生夫人の前に飛び下りた失敗談の記してある其階段である。正面は物干へ出る階段。此物干に就いても長州の書生松岡勇記の裸体の逸話が「自伝」に記してある。

と書かれている。物干台へ出る階段が見える横の階段であれば、これは現在のいわゆる女中部屋へ台所から直接に上る階段以外にはない。そうだとすれば、この階段の上の間が諭吉が寝ていたいわゆる清所だということになり、女中部屋がなくなってしまう。物干台へ上がる階段の下に諭吉らの上級生達の居間があったということはいろいろな点で矛盾する。松岡勇記の逸話にしても、女中達が諭吉らの居た部屋を通って物干台に納涼に行ったとは考えにくい。これは緒方富雄氏の思い違いではなかったかと思いたい。

ここで、もう一度『医譚』第三号の池田谷氏の寄稿文の中の華陽堂病院平面図（図9）の「第二階平面」の図を見て頂きたい。広間⑤の左下に現在はない階段がある。これは塾生大部屋の北壁窓側の位置である。降りると玄関の間に出られる。適塾の建物の北側壁面は大正年間に道路拡張のために軒切りが行われて、一メートル余削られている。この見取図は昭和年代の華陽堂病院時代のもので、この平面図に出ている階段そのものは適塾時代にはなかった。しかしあるいは適塾の時に同じように玄関から直接二階へ上る階段がこの位置にあって、軒切りの時にそれに替るものとして新たに取り付けられたという可能性もないとはいえない。多い時は五〇名を越す塾生が現在あるあの狭い急な階段を上下したとは考えにくいので、もう一つ玄関から大部屋へ上る広い階段があってもおかしくはない。だとすれば、その階段を上った処が塾生の居所としては最も下席であって、東側階段の南奥あたりが案外上席であったかもしれない。

池田谷氏は「緒方洪庵適塾趾」の中で「予診室は塾頭室、緒方郁蔵の起居した室である」と記されている。この塾頭室の位置は同論文の「第二階平面」図（図9）の「⑥予診」の部屋で、現在の塾生大部屋の南東隅に当る。諭吉が塾頭を勤めるのは郁蔵より大分後年になるが、塾頭時代の郁蔵が本当にこの位置を占めていたとすれば、あるいは代々の塾頭もそれにならってこの位置を踏襲していたかもしれない。そうすると諭吉が八重夫人に呼ばれたのは現在の塾生部屋階段の上であったということになる。以上階段の話も怪談になった。

今となっては謎となってしまったヅーフ部屋と諭吉の階段をめぐる疑問を提示して大方のご意見を聴きたいと思ったのである。

追記

以上「ヅーフ部屋と諭吉の階段の位置」の原文を『適塾』第三四号（平成一三年刊）の誌上に発表した後、同誌第三五号（平成一四年刊）に、明治時代から大正時代にかけて適塾の建物に在住された洪庵の曽孫の緒方裁吉氏より「『適塾の謎』に対する私の推論」と題して貴重なコメントを頂いた。まずヅーフ部屋の位置は私が一階の洪庵書斎の北側であった可能性を指摘したことについてそれは間違いでやはり現在の二階の位置でよろしいと推論された。

緒方氏の論旨は要するに私が一階書斎北側にヅーフ部屋があったという推論の根拠とした『福澤諭吉伝』の中の「緒方洪庵の書斎」の写真、「福澤先生伝記完成記念展覧会目録」中の三点の写真、池田谷久吉「緒方洪庵適塾址」の中の平面図にある書斎北側の間はいずれも洪庵没後に拙斎が増設した部屋に基づいているとされて否定の根拠とされているが、それでもなお私はこの拙斎の増設前の洪庵時代の同じ場所に「三畳間」がなかったとは言い切れないと思っている。それは現在の二階説には納得がいかない多くの点が残っているからである。

なお中崎昌雄氏は『適塾』第一四号、昭和五七年の寄稿文「推理　適塾の住いと暮し」の中で、ヅーフ部屋の位置について、同じ一階ではあるが、現在の受付のある玄関南側の部屋の西側の位置を想定されている。

緒方裁吉氏は前述の同じ寄稿の中で「諭吉の階段」についても考察されている。現在の塾生部屋へ玄関の間から昇る階段は狭く険しい。昭和五一年の解体修復工事以前は現在の玄関の南側の数寄屋風の床の間のある場所に南から北に向って昇る広くゆるやかな階段がついていた。解体工事に際して文化庁は詳細な調査の結果、適塾時代の形に戻す方針に則って、南から北へ昇る階段は適塾以後の改築であるとして廃され、現在の北から南へ昇る形にして復元した。緒方氏はこれは適塾時代を通り越して天王寺屋時代まで遡ってしまったものとして、修復工事前の床の間の上の南から北への階段が適塾時代にあった説を主張し続けておられる。かりにそうであれば、私の論考の最後に言及した塾生大部屋の南東隅の位置は階段を上がって廻った位置で、塾頭の位置としてもおかしくないことになる。当時の階段の位置は差し置いて、諭吉の占めていた塾頭の場所は塾生部屋の南東隅というのがもっとも妥当性が高いかと思えてくる。これは中崎昌雄氏は前掲の『適塾』第一四号に述べられた結論とも一致する。

緒方裁吉氏はさらに適塾の便所の問題に触れられている。「適塾の謎」としてはこの問題を無視できないので、私が新たに加える根拠はないが蛇足の私見を述べさせて頂く。現在の適塾には洪庵およびその家族が住んでいた南側奥の間と家族部屋の縁側の左右に当時からの面影の残す便所が二ヵ所あるのみである。多いときは五〇人を越す塾生が塾生部屋に起居していた時に、毎日彼等がどこで用を足したかは筆者もかねてから気になっていた。

この「適塾の便所」についてかつて中崎昌雄氏が前掲の『適塾』第一四号の寄稿の中で興味ある推理を展開しておられる。昭和五一年からの解体工事の時に玄関を入った南側の土間の西北隅にあった大小便所がとりはらわれている。調査の結果、この便所は適塾時代にはなかったと判断されたためである。しかし五十余名の塾生のためには適塾内のどこかに必ず便所がなければならない。中崎氏はシーボルトの「江戸参府旅行」の中で、文政九年(一八二六)に淀川から尼崎に向かう途中の記事として「大坂の町からは特別な設備をして糞尿を積んだ船」が多く行き交う光景を描写している。この記事にヒントを得て中崎氏は適塾の土間にも粗末な囲いがあって、糞尿の壺が置いてあり、それを百姓が舟で取りにきたのではないかと推測されている。

私も中国の蘇州に旅した折に、昔の大坂に似た多くの水路に糞尿の壺を積んだ舟が往来する光景を目の当たりにして適塾時代の大坂を思い出した。当時の大坂特に北浜はヒンターランドの河内地方の農産地と水路で直結していて、大坂市中は河内地方にとって重要な肥料の供給地であった背景を思うと、適塾の便所の位置は差し置いてその屎尿処理の方法としてはこれしかないと考えていた。

緒方氏はこの肥桶説も一理ある穿った考えであるとされながら、別に台所を通って南側の洪庵の家族の便所の隣に塾生用の便所があったのではないかと推量されている。その可能性もただちには否定できないが、大勢の塾生が女中の立ち働いている台所の土間を通り抜けて便所へ通うという光景は一寸考えにくい気がする。というわけで私はやはり玄関南側土間に塾生便所があったと思いたい。

この追記を書くにあたり、緒方裁吉氏と中崎昌雄氏の論考を取り上げ考察を加えさせて頂いたことに対して両氏に改めてお断りし、感謝申し上げる。

(四) 洪庵と種痘

明治四二年(一九〇九)の『刀圭新報』第一巻第一号に掲載された松本端「大阪市種痘歴史」の冒頭には天然痘流行の惨状を次のように伝えている。昔からの流行病の中で最も悲惨な病気は天然痘で、幸いに死を免れた者も顔面醜態となり、ひどい場合は両眼失明に至る。その適薬としてはキナ塩などの高価薬があるのみで、貧しい者は愛児が苦悶していてもどうすることもできず、見るにみかねた親で往々縊死する者が出てくるのが実状であると。ついで「大阪市種痘歴史」(図10)は次の話を伝えている。

弘化年代(一八四四—一八四八)、大坂の高麗橋四丁目に莇原屋《あざはらや》という白粉商の永岡庄右衛門がいた。その子が相次いで天然痘に罹り死亡した。気丈なその祖母は残った孫をこの悪疫から何とか逃れさせられないかと、日頃懇意にしている緒方洪庵に相談した。洪庵は書物によると唯一の方法は天然痘の軽症患者の痘痂を粉末にして、鼻孔から吹き入れる予防法であるが、自分はまだこの方法を施したことはないと言った。これを聞いてこの祖母は家人を説得した後、二歳になる男児にこの方法を試みてくれることを洪庵に懇願した。もしこの術が好結果を示すと世の多くの生命を救う福音となり、その功徳は広大なものになるであろう。もしまた不幸にして痘毒に罹って命を失っても、自然に感染して

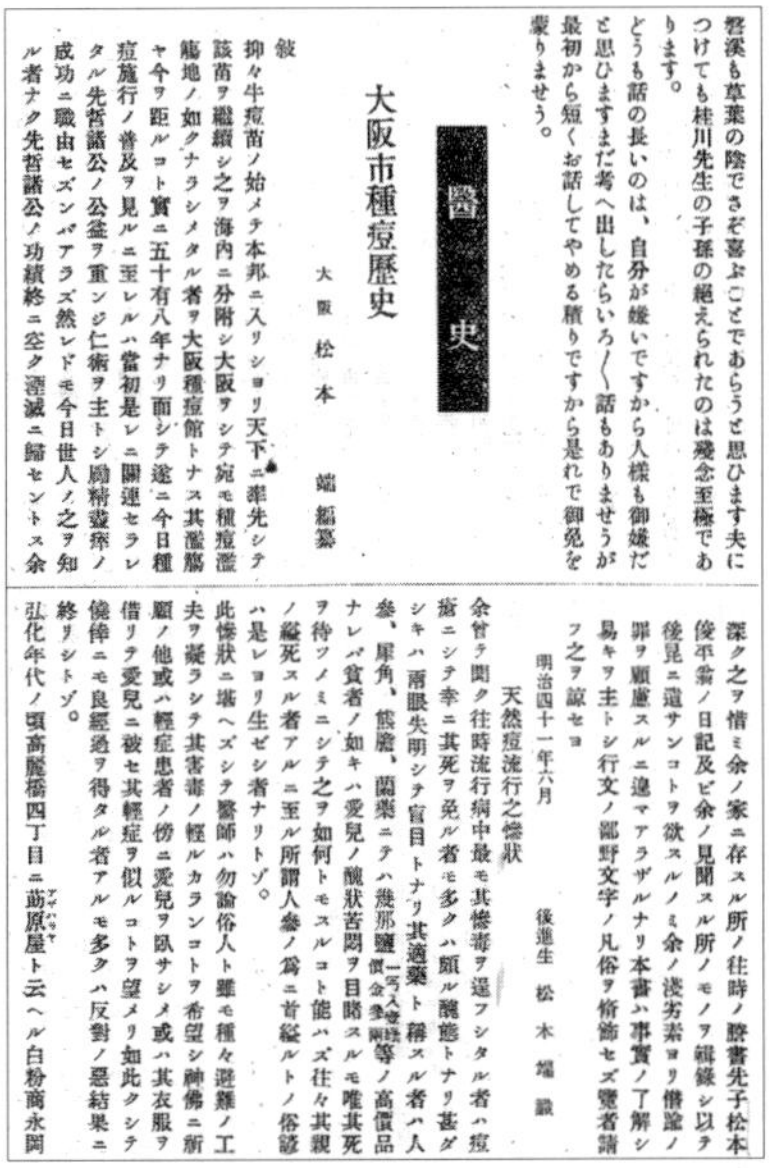

磐渓も草葉の陰でさぞ喜ぶことであらうと思ひます夫につけても桂川先生の子孫の絶えられたのは残念至極であります。

どうも話の長いのは、自分が嫌いですから人様も御嫌だと思ひますまだ考へ出したらいろ〳〵話もありませうが最初から短くお話してやめる積りですから是れで御免を蒙りませう。

医史

大阪市種痘歴史

大阪　松本　端編纂

叙

抑々牛痘苗ノ始メテ本邦ニ入リシヨリ天下ニ率先シテ該苗ヲ繼續シ之ヲ海内ニ分附シ大阪ヲシテ宛モ種痘濫觴地ノ如クナラシメタル者ヲ大阪種痘館トナス其濫觴ヤ今ヲ距ルコト實ニ五十有八年ナリ而シテ遂ニ今日種痘施行ノ普及ヲ見ルニ至レルハ當初是レニ關運セラレタル先哲諸公ノ公益ヲ重ンジ仁術ヲ主トシ励精盡瘁ノ成功ニ職由セズンバアラズ然レドモ今日世人ノ之ヲ知ル者ナク先哲諸公ノ功績終ニ空ク湮滅ニ歸セントス余深ク之ヲ惜ミ余ノ家ニ存スル所ノ往時ノ謄書先子松本俊平翁ノ日記及ビ余ノ見聞スル所ノモノヲ輯録シ以テ後昆ニ遺サンコトヲ欲スルノミ余ノ淺劣素ヨリ僭踰ノ罪ヲ顧慮スルニ遑マアラザルナリ本書ハ事實ノ了解シ易キヲ主トシ行文ノ鄙野文字ノ凡俗ヲ修飾セズ覽者請フ之ヲ諒セヨ

明治四十一年六月　後進生　松本端識

天然痘流行之惨状

余曾テ聞ク往時流行病中最モ其慘毒ヲ逞フシタル者ハ痘瘡ニシテ幸ニ其死ヲ免ル者モ多クハ頗ル醜態トナリ甚ダシキハ兩眼失明シテ盲目トナリ其適藥ト稱スル者ハ人參、犀角、熊膽、蘭藥ニテハ幾那鹽（一瓦入壹瓶價金參兩）等ノ高價品ナレバ貧者ノ如キハ愛兒ノ醜状苦悶ヲ目睹スルモ唯其死ヲ待ツノミニシテ之ヲ如何トモスルコト能ハズ往々其親ノ縊死スル者アルニ至ル所謂人參ノ爲ニ首縊ルトノ俗諺ハ是レヨリ生ゼシ者ナリトゾ。

此慘状ニ堪ヘズシテ醫師ハ勿論俗人ト雖モ種々避難ノ工夫ヲ凝ラシテ其害毒ノ輕ルカランコトヲ希望シ神佛ニ祈願ノ他或ハ輕症患者ノ傍ニ愛兒ヲ臥サシメ或ハ其衣服ヲ借リテ愛兒ニ被セ其輕症ヲ似ルコトヲ望メリ如此クシテ僥倖ニモ良經過ヲ得タル者アルモ多クハ反對ノ惡結果ニ終リシトゾ。

弘化年代ノ頃高麗橋四丁目ニ薊原屋ト云ヘル白粉商永岡

図10　「大阪市種痘歴史」

死ぬのと同じ運命と諦めると強く洪庵に迫ったので、洪庵も遂に承諾してこの人痘法をその児に試したところ、不幸にして悪結果を招いてこの児は死亡したという。

これは牛痘が日本に招来される嘉永二年（一八四九）より前の話である。この痘痂を鼻孔に吹き入れる人痘種痘法は中国から伝来した方法で、別に人痘膿を皮膚に塗りつけるというトルコ式もあり、天然痘に対して他に打つ手のない時代にはこの人痘種痘法は危険を覚悟でわが国でも、秋月藩、大村藩などで行われていた記録がある。洪庵はこの人痘種痘法を実施するには強いためらいがあったであろうが、薊原屋の祖母が余程強く迫ったのであろうか、祈る気持でその実施に踏み切ったに違いない。しかし結果は最悪であったので、誰よりも人の命の大切さを重んじる洪庵には大きな衝撃となり、忘れられない心の負担となって残ったに違いない。

洪庵は故郷の足守でも人痘種痘法を行なったという記録がある。緒方銈次郎述『緒方洪庵と足守』（昭和二年刊）によると、洪庵の兄惟正の三女篠岡ハナの述懐談に次のように語られている。

妾が幼頃の時でした。大阪の緒方の叔父さんが足守へ見えて、種疱瘡をしてやるとのことで、兄と姉の千恵との腕に種痘をなさったのです。ところが、其種が悪かったのですか、其の種ゑた所が脹れて熱が出るし、余り面白い具合でなかったので、外の子に植ゑることは見合せて、其の侭大阪へ御帰りになりました。（中略）それから程経て妾が七歳の時に叔父さんが今度は御上の御用で、再び痘瘡を植ゑに足守へ見えました。其の時は大阪で種疱瘡をした二人の男の子供を駕籠で担いで参られました。（中略）此度の種痘は以前のとは違って、腫れも痛みも無く、見事に善く附いたので、それからいよいよ足守に除痘館が出来て、大層大勢の人が種痘を受けたと云ふ事を聞いて、今にそれを覚えて居ます。

後半の部分は洪庵が嘉永三年（一八五〇）一月に後に述べる牛痘を持って足守へ出向いた時の話である。それが篠岡ハナが七歳の時であるから、前半の話のハナの記憶はしたがってそれより二、三年前以内の時期であろう。すなわち前記の葪原屋の種痘と時期的には相前後した人痘種痘であったと推測できる。

洪庵はその頃すでにフーフェランドをはじめ多くの蘭医書に載っているジェンナーの牛痘のことはよく承知していた。弘化三年（一八四六）に洪庵の弟子武谷祐之はその著「接痘瑣言」の題言に次のように述べている。

天保癸卯（天保一四年、一八四三）、余医方ヲ問ヒ、浪華ニ踵《イタ》リ、華陰緒方先生ノ門ニ寓スル事焉二年アリ。先生ハ海内西洋医学ノ巨擘タルハ世ノ知ル処ナリ。一日談牛痘ノ事ニ及フ。反覆丁寧諄々トシテ善導セリ。余頗ル会スル所アリ

華陰とは洪庵である。これによっても洪庵はすでに牛痘について造詣が深かったことがわかる。「接痘瑣言」にはさらに続いて次の語が見える。

我邦未タ牛痘ヲ生ルヲ見ス。由テ同寮《ママ》ノ士ト相議テ曰、牛ノ痘能ク人ニ伝染ス。人ノ痘豈牛ニ伝ハラサルノ理アランヤ。由テ数犢ヲ買ヒ、人痘ヲ以テ牛ニ種スルニ、果シテ応ス。復ヒ牛ヨリ牛ニ伝フ。相伝テ数牛ヲ尽ス。以為ラク、痘ノ性己ニ牛痘ノ性ニ類似スル事アラン。乃復タ人ニ伝フ。曽テ牛痘ヲ発セス。依然トシテ人痘也。牛痘ハ牛ノ乳房ニノミ生スルモノナレハ、是レ痘ニ非サレハ、縦ヒ人痘ヲ牛ニ種スルトモ、豈此理アランヤ。

また同じ武谷祐之の自伝「南柯一夢」の中の「堺の医小林安石の種痘実験」に次の一節がある。

安石、熟ラ思惟スルニ、牛痘能ク人ニ接種沾播ス。人痘豈ニ牛ニ接種沾播セサルアランヤ。人痘ノ漿ヲ採リ、牛ノ乳房ニ接シ、而シテ数牛ヲ転接セハ性能牛痘ニ変換スヘシト認締シ、二三ノ同志ヲ得、天王寺ノ牛市ニテ十数ノ犢ヲ購ヒ、人痘ノ善良ノ漿ヲ犢牛ノ乳房ニ種接ス。善良痘ヲ発ス。十数ノ犢牛ヲ転接シ、而シテ嬰児ニ接ス。発挺全身ニ散布ス。依然トシテ人痘ナリ。

人痘の直接接種は危険であるから、人痘を一旦牛に接種すれば牛痘が得られるのではないかという期待に基づく実験である。しかし結果は人痘は牛痘に化すことはないことを悟らせられた。この祐之の二つの記述は同じ時の記録であり、天王寺の牛市で犢を買ったとあるから、祐之の適塾時代の話である。また小林安石は大坂除痘館開設時に、たびたび洪庵と行動を共にしている。したがって洪庵はこの安石の人痘牛痘化の実験を知らないはずがない。人痘種痘にも手を染めた洪庵であるから、当然そのことにも強い関心を抱いていたに違いないが、それに対する洪庵の意見はどこにも洩らされていない。あるいは人痘牛痘化の無効であることをいち早く感知していたのかもしれない。

それより前の天保一四年（一八四三）に紀州久木の医師小山肆成が自ら牛痘を作製したと伝えられている。肆成も天王寺の牛市で乳房の傍らに疱瘡がある子牛を探し出し、その疱の血を採って漿に混ぜて牛痘を作製したという。これが真の牛痘であったか否かについての疑問が残るが、牛痘の使用を渇望していた洪庵がそれにどう反応したかの記録がない。全くその情報が洪庵に伝わらなかったのか、あるいはそれが真の牛痘でないことを見抜いて無視したのか、いずれにしても両者の接点がないのが不思議である。

ここで牛痘の日本伝来の経過を簡単にまとめておく。西暦一七九六年、わが国の寛政八年にイギリスのE・ジェンナーが牛痘にかかった乳しぼりの女の痘苗から人体への牛痘種痘法を発明した。この牛痘はその九年後の一八〇五年には清国の広東までは来ていたが、そこから日本への到着は遅れた。長崎に来ていたP・F・v・シーボルトもリシュールもその導入を試みたが失敗に終わっていた。嘉永二年（一八四九）七月に至って、長崎に居たオランダ医O・G・J・モーニッケの処へバタビア（ジャカルタ）から活性を保った牛痘痘痂がもたらされたのが、日本における牛痘種痘の最初である。

日本の心ある医師達は一八〇五年刊の漢書『種痘奇法』の和訳である伊藤圭介の『暎咭唎国種痘奇書』（天保一二年・一八四一）や一八一七年に清国で刊行された邱浩川の『引痘略』の小山肆成による和訳『引痘新法全書』（弘化四年・一八四七）を読んで、牛痘種痘法の意義と概略は承知していた。問題はこの牛痘苗をどうして日本にもたらすかということであった。弘化四年（一八四七）の痘瘡の大流行が直接のきっかけとなり二つの牛痘導入計画が発足する。一つは越前藩の笠原白翁が藩主松平春嶽に進言して痘苗を清国から輸入しようと画策したことで、もう一つは伊東玄朴が佐賀藩主鍋島閑叟に建言してオランダ医に頼んでバタビアから牛痘を導入しようという計画であった。

前者の越前計画には白翁の師で京都にいた日野鼎哉がかんでいる。鼎哉はシーボルトに学び、早くから痘苗の入手を企てていたが、従来の失敗から見て、西洋からこれを取り寄せようとしても途中で活性を失い見込みがない。清国の痘苗を運ぶのが唯一の方法だと考えた。嘉永二年（一八四九）三月に越前藩の江戸留守居役中村八太夫から長崎奉行大屋遠江守に正式に願書が出て、清国広東省からの牛痘苗取り寄せを依頼し、そのために硝子容器二十通りも用意するところまで進んだが、結局はこの計画は実現しなかった。

もう一方の佐賀藩の方は藩医で出島出入医の楢林宗建が従来の痘苗輸入の失敗は効力を失いやすい痘漿で行おうとしたからだと考えて、出島のオランダ医モーニッケに痘痂を運んでくれることを依頼した。バタビアからこの痘痂が嘉永二年（一八四九）に出島のモーニッケに届いた。宗建は直ちにこれを用いて自分の子の建三郎に試みて善感を認めた。このモーニッケの痘苗はさらには江戸へと伝わった。

越前藩から痘苗入手を依頼されていた長崎の唐通辞頴川四郎八はこのモーニッケ苗を分けてもらい、孫二人に接種して、それから得た新しい痘痂を京都の日野鼎哉のもとへ急便で送り届けた。この年九月一九日に鼎哉は京都でこれを受けとった。早速鼎哉の孫に接種されて、その善感が認められた直後の一〇月五日に白翁が福井から京都へ駆けつけてきた。

白翁の「戦競録」によると、一〇月一二日に京都で牛痘接種に成功したことを大坂の洪庵が昨日始めて聞いたと、鼎哉の養子の日野桂洲に手紙を送っている。京都では丸太町に鼎哉により除痘館が開かれ、白翁は痘病を福井へ移す準備にとりかかっていた。

一一月一日になって大坂から洪庵が小林安石と鼎哉の弟の日野葛民とともに接種用の小児を連れて京都へやってきて、大坂への牛痘の分与を申し出た。この時、鼎哉が安石にかかわることで葛民を叱りつけるという一幕があり、それと関係があったかどうか、洪庵の申し出は福井藩侯御用の品であるから、これを越前侯に届けるまでは他へ分与できないという理由で、白翁から断られ、洪庵はむなしく大坂へ引き上げたと伝えられている。この時の模様を「大阪市種痘歴史」には次のように書かれている。

笠原（白翁）氏頭ヲ振リテ承知セズ。先般君命ヲ奉ジテ遥々長崎ニ下リ、今日漸ク手ニ入リタル痘苗ヲ未ダ復命モセズ途中ニ於テ、勝手ノ処置致シテハ或ハ切腹致サ子バナラヌモ計リ難シ。是レハ師命ト雖ドモ遺憾ナガラ御断リ申上ル。

という強硬なものであった。しかしこの記述は明治の末年になって、松本端が当時の伝聞を記したものであって、どこまで真実を伝えているか疑問なしとしない。

洪庵が京都へ駆けつけて分苗を乞うたという一一月一日より前の一〇月一一日付の白翁から江戸の半井元冲に宛てた手紙の中で「当地之接痘之事迄小生配慮仕候は、先本田を収め置候半ては、万一御国許絶苗に相成候時、致方無之故に御座候云々」と述べて、分苗の重要性を自ら認識していることを示している。またうかつにも現在その出所を見出し得ないが私の覚書によれば、白翁がこの時の牛痘の分与について越前の国許へ伺書を出し、万一の絶苗を予め防ぐために京都のみならず大坂でも痘苗を植え継ぐ処置を行っても差し支えないという返事を得て、問題の一一月一日に洪庵が大坂から連れてきた小児に接種したと書かれた白翁の書簡があり、これらの情報は「大阪市種痘歴史」の記述とは趣が異なっている。いずれにしてもこの牛痘苗の分与に関しての洪庵の行動には日頃の洪庵らしからぬ強引な粘りを感じるのは、はじめに述べた人痘法失敗の悔いの思いが洪庵の心に重く残っていて、それが心の発条になって、洪庵を強い行動に走らせたのではないかと想像したい。

洪庵が牛痘の京都到着を知ってから、京都へ駆けつけるまでに二〇日程の日が経っている。なぜすぐに飛んでいかなかったかという疑問に関しては、次の大坂除痘館開館の事情が説明してくれる。

洪庵は大坂除痘館開設に当り、当時としては全く新しい医療システムを作り上げることを企てた。まず大坂で種痘をひろめるためには、奉行所の公的な諒承を得なければならないと考えて、洪庵は天満与力荻野七左衛門に諮ってその賛同と協力を得ている。そしてこの新しい種痘法を世にひろめるのは仁術を旨として、得られた謝金は個人の利益とせずこの種痘事業のための基金とするという原則を立てて、大坂の商人大和屋喜兵衛に頼み、古手町、現在の道修町四丁目の貸家を借り受けて、大坂除痘館とした。さらに荻野七左衛門、その父勘左衛門、平瀬市郎兵衛の母等から経済的援助を得て、この主旨に賛同する医師九名を社中の名に加えて用意万端整えた上で、一一月一日に京都へ趣き、同七日に京都から鼎哉、白翁を大坂除痘館に迎えて正式の分痘式を行っている。除痘館の座敷には少彦名命の神棚を設けて、白翁を上座に着かせて、その右手に鼎哉、洪庵、葛民と並び、厳かに伝苗式を執り行った。

図11　大坂古手町
除痘館標札

以上が洪庵の「除痘館記録」と白翁の日記「戦競録」と書簡からまとめた大坂への分痘と大坂除痘館開設の経緯であるが、「大阪市種痘歴史」には別に次の逸話を伝えている。

さきに白翁が清国痘の輸入を藩主に提案した時、その受取りに、白翁自ら長崎に出向いている。途中京都で師の鼎哉を訪ね、はじめてその目的を告げた。この時、鼎哉はその懇意の長崎唐通辞の頴川四郎八を白翁に紹介したという。白翁が京都を発った後、直に鼎哉は一書を大坂の弟葛民と親友洪庵に送り、このことを急報した。両人は大いに驚いて淀川を夜船で上洛し鼎哉と打合せた。鼎哉は白翁が長崎からの帰途、必ず京都に立ち寄るであろうから、その時ぜひ分苗を依頼すればどうかと勧めた。また京都は王城であるから人体に接種することはその筋が許さぬであろうから、大坂での接種続苗の準備が重要であるとも説き、白翁帰京の時は急報するから、直ちに上洛せよと手筈を定めて、両人は喜んで帰坂して、その準備にとりかかったという。

また大坂で小児に接種した最初は公式の除痘館開館の日の一一月七日より前の九月一六日であったと「大阪市種痘歴史」に書かれている。これは実際に京都の鼎哉の許に牛痘が届いたよりも早いということになり、その日付には疑問があるが、除痘館開館以前に大坂で種痘が実施されていたことは、鼎哉から洪庵への事前の連絡があったことから考えても可能性なしとしない。

これらの話は、一般に伝えられている経緯と必ずしも一致しないが、真相は洪庵はあらかじめ牛痘の京都到着を予期していて、大坂でその準備を進めていて、白翁が一旦分苗を拒絶したということは越前藩に対するポーズではなかったかと推量したい。

最後に洪庵の種痘に関して、改めて注目しておきたいのは、大坂除痘館開館後の分苗システムの構築である。分苗の親元の鼎哉の京都の除痘館では嘉永二年（一八四九）のその年のうちに早くも絶苗に及んでいる。日本全国に伝播されたその時のモーニッケ苗も数年経ってみると、結果的には皆消えて行った。その中にあって、洪庵の大坂除痘館の牛痘は明治六年（一八七三）に至る二四年間も続いたということは異例のことである。幕府が安政五年（一八五八）に至って、大坂除痘館を官許第一号の種痘所に認定したのも当然であった。後年に洪庵が江戸お玉ケ池種痘所から発展した西洋医学所頭取に迎えられたのも、洪庵の学識とともに種痘事業の実績が買われたためであろう。

その大坂除痘館のシステムを見ると、「除痘館記録」に書かれた主旨、すなわちこの種痘接種は一切無料で世のために行う仁術であることを最重要規定にしている。そして分苗を希望する者にはその規約を守る誓約書を取って、痘医としての認定免状を与えるという方針を徹底している。その痘医許可証を受けた医師は二〇余年間に一六八名を数え、近畿一円を中心に中国、四国、九州に及んでいる。一ヵ所で絶苗すると、直ちに近くの分苗所から補給するというネットワークがうまく働いていた。これは時代にさきがけた公衆衛生に関する近代的治療システムのわが国ではじめての構築と実施であったことを再認識されてしかるべきと思う。これには絶苗に対する強力な対策の必要性という条件の他に、洪庵の人望とその社会的信用に支えられてはじめて可能であったのではなかろうか。

以上、洪庵の牛痘種痘開始の背景と実情を探って、洪庵の心情まで推理してみた。

（五）牛痘苗の伝播と効力

前節「洪庵と種痘」に書いたように、嘉永二年（一八四九）七月に天然痘を防ぐ唯一の手段としての牛痘がわが国にはじめてもたらされた。この時バタビアから長崎の出島に居たオランダ医O・G・J・モーニッケの許に届いた牛痘痂はまたたく間にいろいろなルートを経て日本全国に伝わった。

洪庵が大坂除痘館を開くもとになった痘苗は長崎唐通辞の頴川四郎八がモーニッケからわけてもらった痘苗を京都の日野鼎哉に送り、それがさらに大坂に分与されたものである。四郎八は九月六日に痘痂八顆を硝子瓶に入れて急便で長崎から発送し京都へは同月一九日に到着している。

福井から駆けつけてこれを京都で鼎哉から受け取った笠原白翁は、福井へこれを移すのに大変な苦労をしている。まず接種用に福井で二児を雇い、その両親とともに京都へ呼んでいる。これに京都で雇った別の二児と両親、併せて四家族一二人の一団を引き連れて京都を発ち、福井への旅の途中の七日目に京都で痘苗を植えた一児から福井の一児に接種した。他の一組ずつの児は絶苗を防ぐための予備であったらしい。それから大雪の中を近江から越前へ山越えの難路を子供連れの一団は行く。越前側の今庄へはさらに三児を府中から連れて来させて接種している。京都を出て二週間かかって福井へ到着し、その日に福井での接種に成功し、念願の福井に牛痘種痘をもたらす任務を果たした。

ここで不思議に思うことは、頴川四郎八が痘痂を瓶に詰めて飛脚便で長崎から京都へ送っているのに、京都から福井へ移すのに白翁はなぜそのような苦労をしなければならなかったかということである。

四郎八はモーニッケからわけてもらった痘痂を用いて孫に接種して善感を確かめてからまだ乾ききらない痘痂八顆を瓶に入れて京都へ送っている。京都へ着いた痘痂を鼎哉はその中の七顆を直ちに孫の朔太郎に接種したが、これがいずれも善感しなかった。最後に唯一つ残っていた形の悪い痘痂を鼎哉の門人の桐山元中の子万次郎に植えて辛うじて善感した。これでやっと京都での接種に成功したというきわめてきわどい話であった。つまり痘痂によってバタビアから長崎への輸送に成功したように、痘漿ではまず効力が失われる長期間でも痘痂はまだ活性が保たれているという長所がある。しかし一方では痘痂はきわめて善感率が低いという欠点があることがわかる。

それに対して白翁が京都から福井へ植え継いで行った方法、あるいはその後の洪庵の大坂除痘館での伝播方法はいずれも小児の腕から腕への痘漿による直接接種法で、一週間程の間隔で植え継いで行かねばならない。その期間さえ守れば成功の確率は高かったといえる。しかしこの場合の難点は接種用の小児を間を空けずにどう確保するかということであった。洪庵は時に金を払ってまでして小児を集めている。

また白翁や洪庵がもっぱら人から人への直接接種法を採らざるをえなかったのは保存のための適当な容器や装置がなかったからである。白翁が嘉永二年（一八四九）三月に藩の江戸御留守居役を通じて長崎の大屋遠江守宛に差出した牛痘の清国よりの入手を依頼した文書の中に「右器物之義、已前蘭人持渡候は皆に只硝子板間に痘苗を入候て、蝋封仕候耳御座候。今度之工夫は硝子も別尺精工其上桐匣中に「コール」と申物を満（つめ）、其「コール」内に硝子を埋候事御座候」と書かれている。すなわち痘苗を運搬するに精巧な硝子板の間に入れて、これを活性炭を詰めた桐箱の中に納める方法を取ったと言っている。しかし結果的にはこの方法は用いられなかった。

また嘉永二年（一八四九）一〇月一一日付で京都に滞在中の白翁から福井の半井元冲に宛てた手紙

では「痘苗不蒸敷中ニ硝子に蓄候程は急々には六ケ敷御座候故、今暫時ハ滞留住居候心得に御座候」と述べている。すなわち、痘苗が蒸発しないうちに硝子板に貯蔵するということは急には難しいと言っている。つまり硝子容器に貯蔵する方法は容器の調達に難点があるから直接人から人への接種を行うことになったのであるが、もしこれを硝子板中に貯蔵できても室温では一週間以上の保存は困難であったろうと思われる。それが長崎への痘苗の度重なる渡来の失敗の原因でもあり、確率は低かったが、痘痂の輸送の成功した理由でもあると考えられる。

次に考えたいのは当時の牛痘の効力の維持の問題である。大坂除痘館の種痘事業は「洪庵と種痘」でも述べたように、開館の嘉永二年（一八四九）から始められ、文久二年（一八六二）に洪庵が江戸へ下向した後も、養子拙斎が名代で続けられ、明治になってからは大阪医学校病院の付属種痘館となり、明治六年（一八七三）まで二四年間も継続している。その間、長崎から来た最初のモーニッケ株は大坂除痘館を除いて日本全国で絶えてしまっている。

それほど効力の不安定な牛痘苗がなぜ大坂除痘館においてだけ長期に活性が保たれていたのであろうか。もちろん、大坂除痘館の種痘伝播のネットワークがよく機能したことがその理由であろうが、同じ牛痘ウイルス株が二十数年間、人から人への継代が可能なのであろうかという医学素人としての疑問があった。

安政四年（一八五七）長崎に渡来したオランダ医J・L・C・ポンペの回顧録『ポンペ日本滞在見聞記』（沼田次郎、荒瀬進共訳、雄松堂、昭和四三年）に種痘についての次のような記述がある。

安政五年（一八五八）一月になると、また天然痘が再発して、かなり広く蔓延した。当時、長崎には痘苗が皆無だった。幸いにも私はシナから痘苗を少しばかり入手することができたので、これをもって種痘を開始した。（中略）その上また私はオランダ領東インド政府の医務局長に申請して、まもなく良質の痘苗を入手した。こうして私は非常に強力に仕事を進めることができ、日本各地に送ることに十分なくらいの多量の痘苗を集めることができた。（中略）よく発痘した痘瘡から痘苗をできるだけ採集させ国内各地に送ることにした。

これはモーニッケ株でない新しい牛痘で、これを日本各地に送ったと書かれている。あるいは大坂除痘館もその供給を受けて痘苗の存続をはかったということはなかったであろうか。しかし大坂除痘館に関する限り、明治に至るまで文献上ではそのような新たに他の痘苗が導入されたという記録は皆無である。

したがって、大坂では二十数年間最初のモーニッケ株が植え継がれたと考えざるを得ない。そのことが現代のウイルス学から見て可能であろうかと、先年ウイルス学の権威、大阪大学加藤四郎名誉教授に尋ねてみた。その答は「継代の途中で天然痘ウイルス、化膿菌、梅毒菌などの混入の報告は少なからずあり、それを如何に避け得たかということと、人から人への継代を重ねるとテーキ率すなわち人への感染率が低下するという記載もあり、二四年間の継代の可能性は低いとは思います。しかし決して不可能ではないので、その事実の信憑性を調べることが重要かと思います」との文書による返事を頂いた。

ついでに、人痘の牛痘化の可能性および江戸時代の日本の牛に牛痘の発生があったかという質問を重ねて加藤名誉教授に発してみた。牛痘の日本伝来以前に日本各地で人痘を牛に接種して牛痘を得ようとした試みが行われている。前節「洪庵と種痘」で記したように、紀州の小山肆成、大坂での小林安石、武谷祐之、大村での長与俊達、杵築での佐野董雋などそれについての多くの記録があり、なかにはそれに成功したように書かれているものもある。これに対し加藤教授より「天然痘のウイルスを牛に継代接種していわゆる牛化人痘苗を得たという報告は現代ウイルス学はその可能性を否定しております。」という明確な回答を得た。武谷祐之が「接痘瑣言」や「南柯一夢」で述べている人痘をいくら牛に植えても「依然トシテ人痘ナリ」という結論が正しかったのである。この「接痘瑣言」は祐之の適塾在塾時の著述であるので、洪庵もそれを知っていて、それに同意していたことと思われる。

もう一つの問題は、江戸時代日本の各地で牛に真性牛痘を見い出そうという努力が行われていた。それについては、たとえば勝山の石井宗謙、福井の笠原白翁などの記録があるが、いずれも牛痘発見の記載はない。この牛痘が江戸時代の日本に発生した可能性についての質問に対し加藤教授は「牛痘はヨーロッパでも限られた地域の牛に稀に発生しており、当時の日本にも発生したか否かは全く不明です。(中略)牛痘ウイルスのウイルス学的マーカーが確立されて以降、日本での牛痘の発生はない。」と言われた。そしてその後、世界的に種痘に用いられてきたウイルスはジェンナーが用いた牛痘ウイルスとは異なるワクチニアウイルスで、両者の関係は現在でもウイルス学的には解決をみない謎の問題であると述べられた。

以上、洪庵の牛痘種痘についての素人の疑問を述べて、さらに識者の教示を乞う次第である。

(六)『虎狼痢治準』の出版

コレラ病が日本にはじめて侵入したのは文政五年(一八二二)のことであった。この前代未聞の奇病がバタビアで猛威をふるい、おそろしい伝播速度で多数の死者を出すことをオランダ人から知らされた蘭学者は直ちに反応して、その見聞録を残している。宇田川榕菴の「古列亜没爾爸斯《コレアモルビス》」、桂川國寧(甫賢)の「酷烈辣《コレラ》考」がそれである。この年日本に上陸したコレラは九州、中国地方から大坂、京都を経て、沼津まで達したが、箱根を越えずに終息した。

その時のコレラ禍が人々の脳裏から忘れられかけていた三六年後の安政五年(一八五八)、前回にまさるコレラの大流行が日本全土を襲った。その前年の一二月に長崎に入港したアメリカ船ミシシッピー号の船員から発したコレラはまたたく間に日本中を震駭させた。その一ヵ月前の一一月に医学伝習の教師として幕府から招かれて長崎に来ていたオランダ医ポンペがこのコレラ禍を目のあたりにして、直ちに助教の松本良順を相手に、コレラ病治療の指針を口伝した。良順はこれを「ポンペの口授」として日本文にまとめた。

安政五年(一八五八)七月にはコレラの流行は大坂を経て江戸に達し、江戸だけでも患者二六万人を数えるに至った。大坂では八月中旬頃から猖獗をきわめ、死者一万人を越す状勢になったことが、緒方洪庵が八重夫人の弟億川翁介や弟子の箕作秋坪へ出した手紙に書かれている。その時の模様を洪庵が『虎《こ》狼《ろ》痢《り》治準《ちじゅん》』（図12）の一節に「百枢巷に充ち、千哭耳に溢るる」と書いたのも決して過大な表現ではなかったであろう。「世のため、人のため」を常に念じて止まない洪庵はこの事態を前にして、医者として何を為すべきか強く心を痛めたに違いない。

コッホによるコレラ菌の発見はこの時より二十数年後の明治一六年（一八八三）であったので、ましてやそのワクチンによる特効治療法は洪庵の時代には望むべくもなかった。当時の西欧医学においてもこの奇病に対する適確な治療法が確立されていたわけではない。大坂でコレラ流行の最盛期を迎えたこの年の八月一三日に洪庵の許に松本良順から「ポンペの口授」が届いた。このことがきっかけとなって、洪庵は大急ぎで一気に『虎狼痢治準』の執筆にとりかかった。

図12　『虎狼痢治準』の扉

八月一七日頃からの五日間に洪庵は病用の合間の時間をすべてその原稿書きに充てて集中し、夜もほとんど眠らない強行軍で書き上げた。日に日に伝えられるコレラ禍の勢いに追われる思いで筆を急いだことであろう。当時の医家が拠りどころとするコレラの治療法を書いた書は洪庵自身が訳して出版を始めていたフーフェランドの『扶氏経験遺訓』と「ポンペの口授」のみであったが、両者に大きい違いがあったので洪庵は妥当な指針を与える義務を感じたのであろう。洪庵はこの二書の他に、手許の蘭医書のモストの『医家韻府』（一八三六）、コンラヂの『病理各論』（一八三六）、カンスタットの『治療書』（一八四八）も参照した。

こうして書き上げた『虎狼痢治準』は九月一〇日には早くも印刷を完了して、「百部絶板、不許売買」とその扉に書いて、洪庵は知人の医家に配布した。一日でも早く出版して一人でも多くの患者を救おうという気持に駆られていたであろう。無理を重ねた洪庵はその後暫くは病床に臥すことになった。九月一一日の箕作秋坪への手紙に「兎角病弱ニは困り入申候。力ヲ量ラズ、身ヲ省ミズ、入ラザル世話ヤキいたす故、天之罰スル所乎と奉存候」と書いた。

洪庵を『虎狼痢治準』執筆に駆り立てたもう一つの動機に、当時の高貴薬キニーネの買価の高騰に続く払底があったと思われる。偶々この年の七月に名塩の八重夫人の父億川百記が急病に罹り洪庵は特効薬のキニーネを送り届けようとしたが、この月の二八日に大阪道修町の薬店に「キナ塩」は品切れとなっていたのに驚いた。『虎狼痢治準』にも次のように書いている。

都下ニ規尼《キニーネ》殆ト尽キタリ。価モ亦極メテ貴シ。是ニ於テ医ハ云フ、規尼ナシ。之ヲ療スル事能ハス。拱テ死ヲ見ルノミ。俗亦云フ、規尼貴シ。之ヲ購フ事能ハス。座シテ死ヲ俟ツノミ。苟モ仁ヲ体スル者之ヲ看テ豈黙止スヘケンヤ。

と執筆の動機の心情を吐露している。当時わが国に来ていた唯一人の西欧医学者ポンペが述べたコレラ治療法を日本の医家が皆拠り所として、コレラの流行に対処しようとしたのも当然のことである。そのポンペの治療法はキニーネの多量服用を基本としていたために、医家と薬種商はキニーネに殺到し、忽ちのうちに払底したのである。この事態を憂慮した洪庵はポンペのキニーネ投与法に論及して次の様にポンペ説に修正を加えた。

甫膜《ポンペ》百カ説云ク。古来公行ノ書未タ其療法ヲ詳ニセル者ナシ。当今ニ至テ万死ヲ一生ニ救ヒ得ルニ至レリト。而シテ其薬三方ヲ示セリ。皆規尼（キニィ子）ト阿芙蓉トノ配合ノミ。是レ〔公〕氏、〔罕〕氏共ニ既ニ其論ヲ挙テ深ク賞用セサル所ナリ。然レハ彼邦之ヲ試用セル事既ニ旧《ヒサ》シ。固ヨリ新珎ノ奇方ニアラス。且ツ唯一法ヲ挙ケテ三時期（初期、厥冷期、抗抵期）ノ処置ヲ論セス。亦疎漏ノ甚シキニアラスヤ。

之ヲ試ムルニ其激証ヲ初起ニ頓挫スルノ妙功ニ於テハ他薬ノ企テ及フ所ニアラスト雖モ、若夫厥冷期、抗抵期ニ至テ妄リニ之ヲ投セハ其危害アラン事必セリ。〔罕〕氏等カ論スル所ヲ考ヘテ之ヲ察スヘシ。今彼甫膜《ポンペ》百カ口授汎ク此ノ都下ニ流伝シテ医俗共ニ之ヲ誤ル者甚タ少カラス。故ニ固陋ヲ省ミス聊カ之ヲ弁スル事爾リト云。

現代文に直すと次のようになる。「ポンペはコレラの治療法で昔から詳細に書いた書はなかったが、現今になってやっと九死に一生を得られるところまでになったといってその薬方を三種示している。しかしそのいずれの薬方もキニーネとモルヒネの配合を基本としているものである。これは既にコンラヂとカンスタットが論じていて深く賞用してはいないもので、西欧において古くから試していた方法で今さら新法といえるものではない。また一法だけを挙げてコレラの症状の三期すなわち初期、厥冷（頭ののぼせと足の冷え）期、抵抗期に応じた適当な処置を論じていないのは甚だ疎漏と言わざるを得ない。キニーネは確かに初期の劇症を抑える著効は他の薬の及ばないところであるが、同じように厥冷期、抵抗期にもむやみに投薬すれば必ず危害を生じるであろう。このことについてはカンスタットの所論を考察すべきである。今や「ポンペの口授」は広く流布していて、医者も患者もこれによって誤る者が少なくないであろうから、ここに固陋をかえりみず、これに対する私見を述べたのである。」と言っている。このことは当時西欧医学における日本人の師であったオランダ医の説を独自の見解で批判した特記すべき行動であったともいえる。

しかし『虎狼痢治準』のこの項を読んだ松本良順は自らの師匠と仰ぐポンペの所説を、しかも自分が書き送った「口授」をもとに洪庵が論駁したことを快からずとして、直接に洪庵に抗議の手紙を書き送った。この手紙は残っていないが、それを読んだ洪庵はすでに刊行していた『虎狼痢治準』に「追加」の文章を付してそれに応えている。その抗議に対する洪庵の態度を取り上げて考えてみたいので、まず「追加」のはじめの部分を転記する。

該歳十一月松本君長崎ヨリ書ヲ贈テ詰テ曰、此頃予カ著ハス所ノ虎狼痢治準ヲ得テ之ヲ閲スルニ、巻首ニ予カ贈レル記ヲ挙テ巻末ニ之ヲ弁駁シ、以テ甫謨百《ポムペ》ヲ誹嘲セル事極メテ甚タシ。予カ校記ハ急ニ臨テ其言フ所ノ概略ヲ筆セルノミ。素ヨリ片葉一紙何ゾ精詳ヲ尽クス事ヲ得ン。且ツ倉卒間ノ草稿ニシテ未タ再校ヲ歴サル事ハ其幾那塩ヲ「キニイ子」ト一薬ニ二名ヲ記セルガ如キヲ見テモ已ニ瞭然タルニ非スヤ。然ルニ叨リニ之ヲ梓桑ニ上シテ公ケニ人ノ過チヲ見ハス。豈君子ノ恥ル所ナラスヤ。且ツ予カ倉卒ノ記ニ由テ辱メヲ無辜ノ甫謨百《ポムペ》ニ及ボセリ。予豈心慊カランヤ。又夫レ特ニ規尼《キニイネ》ヲ賞用セル事決シテ甫謨百《ポムペ》カ臆見ニアラス。其拠ル所アル事ヲ徴センカ為メニ今一原本ヲ手写シテ予ニ呈ス。請フ之ヲ覧ヨ。

洪庵が『虎狼痢治準』を九月に出版した安政五年（一八五八）の一一月に良順はこれを読んで、直ちに洪庵に抗議したのである。この「追加」の部分を訳すと「巻首に「ポンペの口授」を挙げて、ポンペのことを甚だしく誹謗している。「口授」は急に臨んでコレラ治療法の概説を述べたものであって、もちろん短い文章で詳細を尽くしていない。慌ただしいなかで書いた草稿で再校もしていないことは、文中同じ薬に「幾那《キナ》塩」と「キニイ子（キニーネ）」と二つの名を使っていることから見ても明らかであろう。であるのに、勝手にこれを出版して、他人の過誤を公にしている。これは君子の恥じることではなかろうか。しかも自分の急遽書いた記事によって罪もないポンペをはずかしめたことに自分はこころよく思わない。またポンペがキニーネを賞用したのは決していい加減な見解ではなく、その根拠があることを示すために、その原本を手写して差し上げるから、これをよく見てくれ」というきわめて強硬で辛辣な抗議文であった。

　このポンペの説の原本というのはドイツのウンデルリッヒの書（オランダ版一八四九年刊）であって、洪庵はこれを読んでポンペの説は最新のウンデルリッヒ説に基づいていることをはじめて知った。そして洪庵は「追加」の中でウンデルリッヒの硫酸規尼（キニーネ）と阿芙蓉（モルヒネ）液と骨弗満（ホフマン）鎮痛液より成る処方を改めて紹介している。それを見ると必ずしもポンペの処方と一致していない。洪庵はそのことも気になっていたであろう。

　それはさておいて良順の抗議に、洪庵がどういう態度で対応したかを見るのがこの小文の目的である。洪庵曰く、

> 余披閲シ了リテ愕然タリ。嗚呼当時事急ニシテ前後ヲ顧慮スル事能ハス。識ラス知ラス人ヲ罪シ、人ヲ辱シメタリ。自ラ慙愧ニ堪ヘスト雖トモ、其悔及ハス。其罪謝スル所ヲ知ラス。（中略）〔この出版は〕畢竟唯医ヲ諭シ、俗ヲ慰スルノ方便ニ出シノミ、決シテ名ヲ貪リ、利ヲ射ルノ野心タラサル事ハ昊天必ス之ヲ知ラン。請フ、幸ニ之ヲ恕セヨ。（中略）吁《アア》若シ夫レ松本君ノ責メ無カリセハ、余按ニ其恥ヲ万世ニ傳ヘテ、其過チヲ不朽ニ流サントセリ。君ノ賚《タマモノ》亦大ナラスヤ。

　洪庵は良順の手紙を開き読んで愕然としたという。「あの出版は急の事態を前にして前後を顧みる余裕もなかったが、気づかない間に人を罪におとしいれてはずかしめていた。自ら慚愧に堪えないが、

今それを悔いても及ばない。どうしてその罪をあやまってよいかわからない。あの出版を思い立ったのはただただコレラ治療法を知らない医家に教え、人々を安心させるのが目的であって、決して名を売ったり利益を貪る野心があってのことでなかったことは天も必ず知っていてくれるであろう。どうかこれを許してくれ。ああもし松本君が詰問しなかったならば、自分はその恥を万世に残して、過ちを永久に流すところであった。松本君の大きいたまもののおかげである」と。

こういった心の行き違いから他人に悪感情を与え、その抗議を受けるということは現代人の我々も往々出くわす日常の出来事である。そう思って、もう一度良順の抗議の内容を検討してみると、自分の書いた文章「ポンペの口授」を洪庵が勝手に公表して批判したのは怪しからぬ、君子の恥じるところではないかと難じている。洪庵が急を要するコレラの猖獗を極める事態を前に止むに止まれぬ気持で、日本の医家が「ポンペの口授」を唯一の拠り処としてキニーネを多用する風潮を抑えようとして言及したことに対しての良順の言い方には無理難題があり、むしろポンペのキニーネ多用に対する洪庵の批判の内容について論争すべきであるように思われる。

しかし、直接に自分に対して「君子の恥ずる所にあらずや」と詰問されれば、何をいうかと反感の心が生じるのが普通であろう。ところが洪庵の文章には微塵もそのような対抗心は見られず、ひたすらそのしらずしらずの間に人を傷つけた自らの不明を恥じてあやまっている。しかも最後には良順の詰問がなければ、自分は恥を万世に残して、永久に過ちを犯すところであった。これも松本君のおかげであると心から感謝している。表面だけではなく、心からそう思える人はざらにはいないであろう。

ここに洪庵の美しい心を十分に見ることができる。

洪庵が弟子のためにまとめ、自からの戒ともした「扶氏医戒之畧」一二条の中の第一〇条に次の言葉がある。「同業の人に対しては之を敬し、之を愛すべし。たとひしかること能はざるも、勉めて忍ばんことを要すべし。決して他医を議することなかれ。人の短をいふは聖賢の堅く戒むる所なり。」洪庵は心からそのことを信じて、良順の抗議によって自らの行いをその鏡に照らして慚愧に堪えないと本当に思っていたのであろう。はからずもこの一件で洪庵の素心を見せてもらったように思う。

（七）洪庵の江戸下向と和宮降嫁問題

文久二年（一八六二）、洪庵が西洋医学所頭取に任ぜられて、長く住み慣れた大坂を発って江戸へ降ったのには、裏に洪庵が断り切れなかった理由がある。それはこの年、公武合体のための政略結婚で一四代将軍家茂に降嫁された和宮の侍医になるという大任を命ぜられたからであるという説がある。この説の起源は調べた限りでは、浦上五六氏の『適塾の人々』の第六章「洪庵江戸下り」の中で「（洪庵は）江戸行きをひきうけた。それは畏れ多い話だが、洪庵は和宮様御附きの医師となると聞かされたからだといふ」と書かれていることにある。しかしこの説の直接の出所は記されていない。ただ洪庵は江戸へ出発する前の同年六月一七日付で、長崎に遊学中の次男平三と三男城次郎に宛てた手紙の中で次のように述べているのが推量の根拠になったらしい。

拙者事、公辺御召出之風評近年専ラニ在之、且ツ江戸表御役人方之内よりも推挙いたし度旨、内々先年より申来り候へ共、老後多病之身、迚而も御奉公抔勤マリかね候事故、種々と相断り罷在候処。此頃江戸伊東長春院殿、林洞海殿両名ニて、極内々愈々可被召出旨ニ御評定相決し候ニ付、内存聞糾し可申旨被仰付候よしの手紙来り、此節御辞退申上候てハ、身の為メ不宜との事ニ付、不得已台命ニ奉随旨御請いたし申候。（中略）実ニ世ニ謂フ難有迷惑ナルものニ在之候。乍併道之為メ、子孫之為メ、討死之覚悟ニ罷在候。

この中の「断れば身のためによろしくない」という言葉を受けて、この『適塾の人々』が書かれた昭和一九年という戦時下の状況の中で、浦上氏は「宮様の御診を仰せ付けられるとの話に、たとへその精神を酌まれずに、たゞ蘭学者だといふだけで、攘夷家に危害を受けることがあろうとも身をもって宮様をお護り申すべく洪庵は決然、道のため討死の覚悟をした」とその推量は飛躍している。

藤野恒三郎氏はその著『学悦の人』でこの問題をとり上げて、戦後の昭和三一年の医史学会で、山崎佐氏が浦上説を敷衍した特別講演の内容について触れられている。それによると、和宮降嫁に当り、京都方は指名する医師を必ず和宮の侍医とすることを幕府に約束させて、当時まだ蘭法医が京都の朝廷に採用された例がなかったにもかかわらず、蘭法医緒方洪庵をその侍医に指名したという内容の発言があったと述べておられる。しかしその時の講演記録はなく、藤野氏の記憶によるものであることをことわっておられる。『日本医史学雑誌』を調べるとこの時の山崎氏の特別講演「江戸幕府時代における朝廷の医療制度」の要旨が掲載されているのが見つかった。この中に和宮に関し「和宮が江戸に降嫁をするに際し、特に大坂の緒方洪庵を側医として指定したので、洪庵が江戸に下向した」と述べられている。

以上が調べた限りでの洪庵の江戸下向と和宮侍医の任務とを結びつける説の記録のすべてであるが、年来この説の真否を明らかにするために、その根拠を探し続けた。まず和宮関係史料を当ってみたが、結論として洪庵に結びつく記録は全く見いだせなかった。また朝廷が和宮降嫁の前提として幕府に示した条件の中に侍医指名の件はなかった。ただ状況判断の資料として強いて取り上げれば、次のようなことがある。徳富蘇峰の『近世日本国民史』の中の「和宮御降嫁」に朝廷方の和宮降嫁承諾の眼目の条件として、七、八年乃至十ヵ年の間に幕府が攘夷を実行することが挙げられていて、孝明天皇は江戸での「蛮夷掃除後」の和宮の入城に固執されていた。その勅書の中にも「和宮にも兼て蛮夷の儀は聞き居られ、且女心に候間、甚恐ろしく存ぜられ、気毒にも存じ、勧め兼、尤本人にも納得有まじくと存じ候」という一節がある。すなわち降嫁を決意する以前の和宮の外国人に対する恐怖心はかなり強いものがあったと想像できる。そういう心境の時に前例にもない蘭方医を侍医として受け容れられたであろうか。

和宮が京都から江戸へ出発されたのは文久元年（一八六一）一〇月二〇日で、江戸到着は一一月一五日である。この下向に供奉した医師は四名いたが、もちろん洪庵の名はその中にない。洪庵が江戸に向って大坂をたったのはその翌年の文久二年（一八六二）八月のことである。大事な和宮を護る侍医ということであれば、もっと早く江戸に行っていなければならないはずである。

しかし洪庵に江戸行きの話がいつから出たかということになると、前述の平三、城次郎宛の文久二年（一八六二）六月一七日の洪庵の手紙に「拙者事、公辺御召出之風評近年専ラニ在之、且ツ江戸表御役人方之内よりも推挙いたし度旨、内々先年より申来り候へ共、云々」と書かれていて、話が始まったのは文久二年の出発直前ではなかったことをうかがわせる。したがって、この時期の点だけで洪庵は降嫁問題と全く無関係であったとは断定できないであろう。しかし江戸の蘭学者達が出資して創った神田お玉ヶ池種痘所が発展してできた西洋医学所の初代頭取の大槻俊斎が、この年文久二年（一八六二）四月九日に死去して、その後任には洪庵をおいてないという要請が急に出てきたのが洪庵招聘の最大の理由であったに違いないと思う。その後、伊東玄朴、林洞海からの強力な要請となり、六月一七日の前記の洪庵の手紙が書かれるのである。和宮侍医が目的であれば、この時期になって洪庵に強い圧力がかかることは納得できない。また一方で、同じ平三、城次郎宛の書簡にある「世にいう有難迷惑なるもの」という言葉を和宮護持という大任を仰せつかった洪庵が用いるであろうか。

江戸到着後、奥医師に任ぜられた洪庵はその登城の様子を兄惟正、妻八重、母キョウ宛に八月五日、八月二〇日、一〇月二〇日付で詳しく伝えているが、その中で和宮に触れられた個所は全くない。また洪庵は連日のように登城して将軍家の診察に当った文久二年（一八六二）八月より翌三年（一八六三）三月までの状況を「勤仕向日記」に書き残している。これを検するに、将軍家族一同の定例診療以外に、和宮の診察は一〇月二四日にその麻疹を他の多くの奥医師と共に診たという記録に止まっている。それに対して、たとえば前将軍家定の未亡人天璋院の洪庵による直接の診察は十度に止まらない。したがって藤野氏も指摘されているように、洪庵は和宮付きの専属奥医師であったとは到底思えない。

また江戸到着後、四〇日後の文久二年（一八六二）九月三〇日付で洪庵が長崎へ遊学中の洪哉すなわち息子の惟準に次のように書き送っている。

拙者も被召出ニ付てハ莫大之物入、第一家来十人も召抱、勤向キ諸道具、衣服、大小まで、今まで所持之品一切間ニ合ヒ不申、総テ新規ニ相調へ候事故、最早只今までニ四百金余も費し候得共、未夕何が出来夕とも見へ不申候之事。未夕屋敷も定り不申、いづれ家作ニも極倹約之麁末ナル普請にても五百金ハ懸リ可申との事。大坂より之引越も不容易物入。迚而も蓄への金子ニてハ引足り不申、身分コソ高く相成、難有事ニハ候へとも、是より大貧乏人と相成、年老て苦労致サネはナラヌ仕合、如何ニも情ケナキ次第、推察可給候。

と述懐している。もし和宮守護の使命が課されていたら、このような洪庵には珍しい愚痴に終るはずはないと思われる。さらに、その手紙には、

其上銘々の身分ハ病用も丁家ハ向フより恐レ候故、唯大名頼ミニ有之処。定メて被聞及も可被致、此度御政事大御変革ニて、諸大名奥方不残国勝手ニ相成、参勤ハ三年ニ一度、百日滞府位の事故、迚而も諸屋敷ニ病人ハ有之間敷、公辺医師ハ大饑饉ニ逢ヒ候様のもの。右様之時節ニ向ヒ候事故、此上の

暮し方如何可相成歟と案事候次第なり。

とあり、江戸における診療先の大名奥方の減少を案じているのみで、和宮に対する考慮は全くない。このことからも和宮侍医の可能性はまずなかったと判断して間違いないと思う。

さらに武部敏夫氏の一九六五年刊『和宮』によると、和宮は洋風を嫌われ、蘭方医を好まれず、邦人の洋風服装を禁止されたという。これは後年のことになるが、慶應元年（一八六五）に家茂が江戸を進発して西下し、大坂において発病した時、和宮はその治療が西洋医の手に委ねられているのを遺憾に思われて、京都の御所に依頼して禁裏の侍医、福井丹波守、高階典薬頭を、また江戸から直接、多喜楽春院、遠田澄庵、浅田宗伯を急行させて漢法医による治療を進められ、蘭方医の典医を退けられようとした事実を見ても、生涯蘭方医を好まれなかったことは確かである。

以上の諸事実を総合して考察すると、文久元年から二年にかけての京都の朝廷の雰囲気の中で、和宮の侍医として前例のない蘭方医の洪庵が指名される可能性はほとんどなかったこと、また幕府側から和宮の専属侍医として洪庵を指定したということは、その後の洪庵の江戸城内での診察状況からみて考えられないこと、もともと和宮が蘭方医より漢方医を信用されていたことなどを考え合わせると、最初に述べた洪庵の江戸下向の幕府の要請には西洋医学所頭取、奥医師任命の他に特に和宮の侍医指定の目的が付随していたことはなかったというのがこの考察の結論である。

追　記

私が「洪庵の江戸下向と和宮降嫁問題」の原文を『適塾』第三四号に寄稿したのに対して、村田忠一氏が同誌第三五号に「緒方洪庵と和宮―山崎佐氏の見解について―」の論考を寄せられた。村田氏はその中で洪庵の和宮侍医説の発端となった山崎佐氏の論文とその資料を検討された。その結果洪庵と和宮降嫁を結びつけ得る資料は見当たらなかったとして私の推論に賛意を示された。ここに付記しておく。

三　洪庵の死

（一）洪庵の死生観

緒方洪庵は、どのような死生観を持っていたのであろうかとある方から質問を受けた。洪庵の手紙をその積りで読み返してみても、なかなかこれが洪庵の死生観であるという個所は出てこないけれども、死に対する洪庵の考え方がそれとなしに出ているところがいくつかある。

〔安政四年（一八五七）一〇月八日　箕作秋坪宛（図13）洪庵四八歳〕

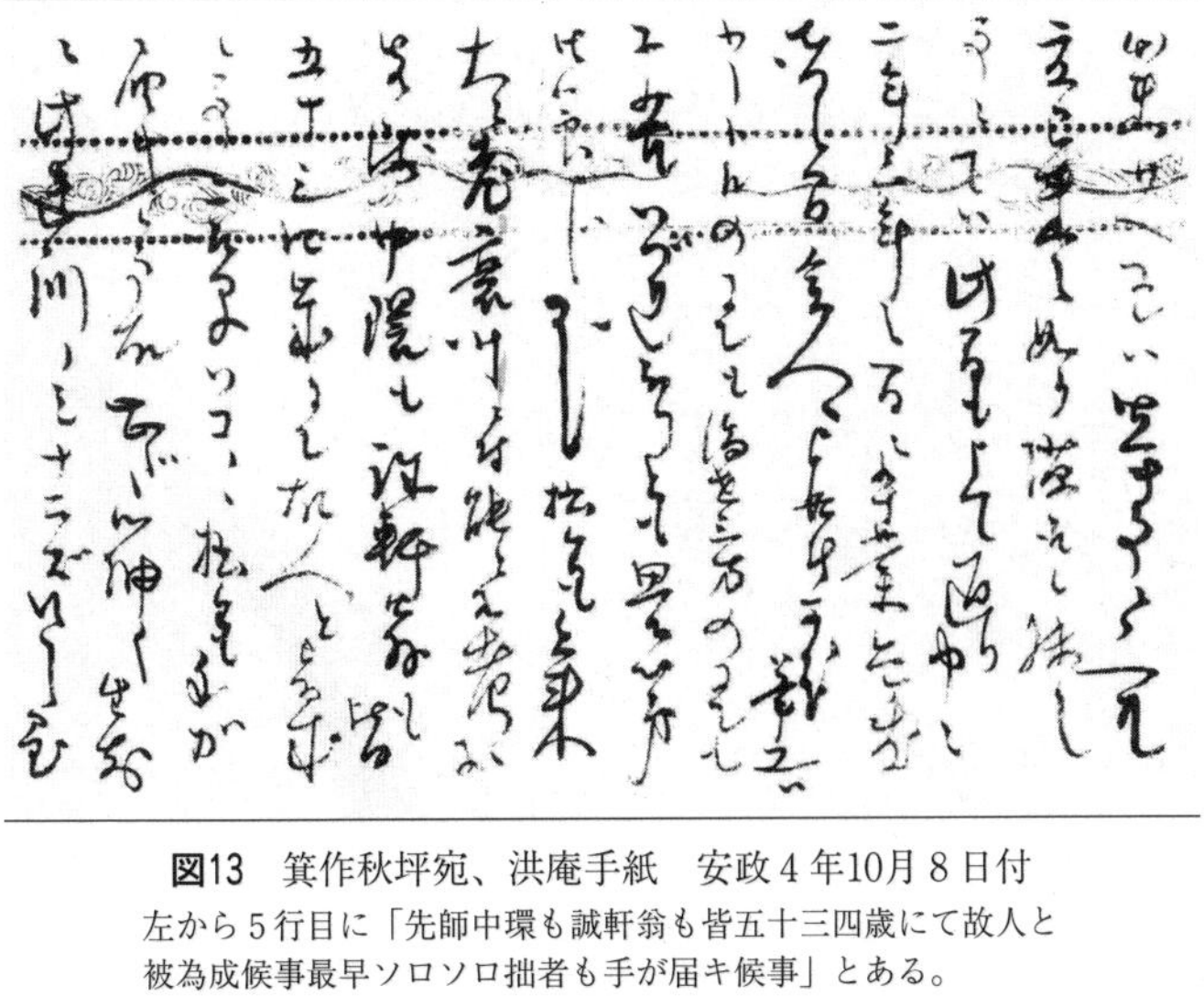

図13　箕作秋坪宛、洪庵手紙　安政４年10月８日付
左から５行目に「先師中環も誠軒翁も皆五十三四歳にて故人と被為成候事最早ソロソロ拙者も手が届キ候事」とある。

先師、中環も誠軒翁も皆五十三四歳にて故人と被為成候事、最早ソロソロ拙者も手が届キ候事故、甚だ心細く、生前ニ此遺訓ノミナラズいたし置度事も沢山有之候義、何卒一日も早ク卒業いたし度、心イラチ申候。

洪庵が長年かかって執筆していた『扶氏経験遺訓』の出版がうまく捗らない。そのことで、洪庵は江戸に居た弟子の箕作秋坪に出した手紙である。この手紙の中の洪庵の予感の通り、その数年後、本人も五四歳（満五二歳）で亡くなっている。やはり洪庵は自分の余命をその頃から感じていたのであろう。当時は人生五十年というのが通念であったし、洪庵は病弱であったので、この手紙の頃には死を覚悟していたのであろうと思う。

次に示す三つの手紙はいずれもその五年後に、洪庵が江戸へ行くことが決まった時のものである。

〔文久二年（一八六二）六月一七日、平三、城次郎宛書簡　洪庵五三歳〕

拙者事公辺御召出之風評近年専ラニ在之、且ツ江戸表御役人方之内よりも推挙いたし度旨、内々先年より申来り候へ共、老後多病之身、迚而も御奉公抔勤マリかね候事故、種々と相断り罷在候処、此頃江戸伊東長春院殿、林洞海殿両名ニて、極内々愈々可被召出旨ニ御評定相決し候ニ付、内存聞糺し可申旨被仰付候よしの手紙来り、此節御辞退申上候てハ、身の為め不宜との事ニ付、不得已台命ニ奉随旨御請いたし申候。（中略）道之為メ、子孫之為メ、討死之覚悟ニ罷在候。

〔文久二年（一八六二）七月九日　津下成（精）斎宛書簡　洪庵五三歳〕
去る廿九日表向キ御達ニ相成、冥加至極之事ニ御座候。乍併兼而御咄申候通り、多病老衰、今更何之御益ニ立ツと申スニも無之、世ニ対し恥へき事ニ候。迚而も官途は老後勤マリかね可申、命も続キ申間敷、先ツ此度は討死之期来り候事と明ラメ居申候。

〔文久二年（一八六二）七月二二日　後藤浩軒宛書簡　洪庵五三歳〕
拙生も今般之次第身勝手を申さば、老後の苦労、所謂有難迷惑とも可申なれども、実は冥加に余リタル次第、必定討死之期来り候事と、勇気倍増し愉快之至に御座候。

最後の七月二二日の手紙にあるように、討死の時が来たと覚悟を決めたら、勇気倍増し、愉快の至りであるという心境はやはり武士の心であろうと思う。葉隠を持ち出すまでもなく、死に対する思い切りのよさ、あまりくよくよしない心構えは現代人とは違うなと思う。しかしこれは現代の我々にとっても、たとえば癌を宣告された時の心の参考になるであろう。

洪庵にはまた和歌を多く残している。その中から死生観に関係があると思われるものをいくつか選んで見る。

洪庵和歌　『緒方洪庵伝』
花下送日　けふまでは　あかで暮れにき　ちるまでは　かくて経なまし　花の木のもと

花浮水　川の瀬に　浮きてながる、　花みれば　ちるもさくらの　一盛なり
被厭恋　長からぬ　花こそ人に　いとはれぬ　散らぬ我身ぞ　悲しかりける
老身送年　ことはみな　若きにゆづる　老が身を　年の急ぎは　のがれざりけり
老翁　うらわかき　よは夢なりき　あすよりの　老をばながく　うつ、にぞ見む

いずれも世のはかなさを歌っているが、そこにやはり思い切りのよさを感じる。これらは洪庵の四〇歳代から五三歳までの作であるが、まるで今の八〇歳代の人の心のようである。老いに対する心境、死に対する心構えは現代人とはかなり違ったものを持っていたように思える。

（二）洪庵の最期

文久二年（壬戌、一八六二）八月五日に、洪庵は幕府からの要請黙しがたく、とわの住み処と決めていた大坂の適塾に、

おほやけの　おほせを　うけて　戌の八月いつかの日　あづまに下るとて旅たち侍るによりて遺しける
　よるべぞと　思ひしものを　なにはがた
　あしのかりねと　なりにけるかな

の歌を残して大坂を発って江戸に下った。この年四月に死去した大槻俊斎の後を継いで西洋医学所の頭取に就任し、奥医師となることを、江戸の蘭学の実力者伊東玄朴と林洞海から強く要請されて断りきれなかったのである。前項にも述べたように、生来病弱の洪庵は「道のため、子孫のため討ち死の覚悟」で江戸へ下った。

江戸へ着いた洪庵はやがて、下谷御徒町の医学所頭取屋敷に落ち着いて、翌文久三年（一八六三）三月九日に八重夫人が子供六人とともに大坂から呼び寄せられた。それから三月も経たない六月一〇日に洪庵に突然の死が訪れた。

その時の状況を八重が二ヵ月後の八月五日に名塩にいる妹ふく（八重の妹には蔵富《そと》しかいないはずであるので、ふくは蔵富の別名であろう）へ手紙で伝えた。その部分を左に写してみる。

昨秋より一方ならぬ御勤、今迄ハ我まゝ（わがまま）に御暮し被成（なられ）候御身が御殿向の事、又医学の御用向、何に付而も御心配の多、世上はさハかしく（騒がしく）、子供大勢なり。御心配事只の一日も安心と思召（さ）ずに、御病気もかねてのむね（胸）のいたみもなく、ひるめし（昼飯）もよく召あがり、書物見なか（が）らすこしひるね（昼寝）して居（ら）れ候処に、坪井（信良）より病用の頼（たのみ）の書状参り候ゆへ、おこし（起こし）候処、早々目さめ、ね（寝）なか（が）らニ其書状を見て居られ候処ニ、俄にせき（咳）出、其時少々血出、又せき（咳）出候へハ、此時ハもはや口とはな（鼻）と両ほう（方）ニ、一時ニ血トント出、其まゝ口をふさぎ、ゑんかわ（縁側）の所ニ出、血は（吐）かれ候処、追々出、もはやひくいき(息)ハすこしも相成(不)申候と相見へ、私は只々あわて、水よ薬など、うろ〳〵致居候内に、こと切申候。何を申間も無次第、聞置(ききおき)もなし、申残しもなく、ほんニ夢と外おもわれ不申候。

この洪庵の最期をめぐって、いくつかの推測が行われている。まずこの出血が、吐血か喀血かという問題である。福澤諭吉は『福翁自伝』の中で次のように書いている。

その年の六月十日に緒方洪庵先生の不幸。その前から江戸に出て来て下谷にいた緒方先生が急病でたいそう吐血したという急使いに私は実に肝をつぶした。その二、三日前に先生の所へ行って、チャンと様子を知っているのに、急病とは何事であろうと、取るものも取りあえず即刻うちを駆け出して、その時分には人力車も何もありはしないから、新銭座から下谷まで駆けづめで緒方のうちに飛び込んだところが、もうこときれてしまったあと。

藤野恒三郎氏はその著『日本近代医学の歩み』（昭和四九年）に「突如として起った大量の喀血のために窒息したのであろう」と書かれているが、別に『医学史話』（昭和五九年）には「突如として起った大量の吐血のため窒息したのである」と喀血を吐血に変えておられる。

また梅溪昇著『緒方洪庵と適塾生』（昭和五九年）には「多量の喀血のためになくなったことで、洪庵は肺結核だったという人もあるが、藤野恒三郎博士によれば、肺結核では窒息する程大量の喀血は出ず、且つ洪庵の中年以後の子供は幼没せず、成人して長生した者もあるから、洪庵は胃を病んでいたとみるべきであろうとされている」と述べられている。つまり洪庵の死因は肺結核であったか、胃病であったかという問題である。

「喀血」とは医学の用例では肺、気管支からの出血で、「吐血」は胃、食道などの消化管からの出血と一応区別されている。多田羅浩三阪大名誉教授に尋ねたところ、八重の手紙の内容からすると「吐血」ではなく、「喀血」であると考えられるとの返事を頂いた。また胸部疾患の専門医である元刀根山病院副院長の山村好弘氏に肺結核で窒息死することはないかとの質問を発したところ、肺からの喀血で血管に血栓がつまり窒息死することは大いにあり得る。胃からの吐血での死はむしろ出血死であるとの返答を得た。

医学に素人の筆者はそれ以上の判断を下す資格はない。しかしたとえば洪庵の唯一残っている日常生活を記録した日記「癸丑(嘉永六年、一八五三)年中日次之記」には洪庵が大坂在住時代に除痘館の仕事と患者往診に明け暮れていたこの年の元日から九月一七日までの九ヵ月半の間に「不快引籠(ひきこもり)」「不快に付、回勤休む」など体調不良による休診日が合計二三日に及んでいる。その中には風邪によるものもあったであろうが、三月一三日から二一日までは九日間、連続不快休診が続いている。これは単なる風邪にしては長過ぎるし、結核の症状特有の春季に動く傾向からみて、洪庵はその頃から肺結核の持病を持っていたのではなかったと推測したくなる。

このこととは別に洪庵の死に対する奇怪な噂が流れていたことに触れねばならない。前述の八重か

図14　広瀬旭荘日記『日間鎖事備忘』
4行目に洪庵の死が記されている。

ら憶川ふくへの手紙の追伸に「大谷清一事、先生を病死(で)無(く)、切られて死去のよし申ふらし候由。是は同人の申そふな(そうな)事、何事も〳〵御取あげ被成(なられ)ましく(まじく)、よけてとふす(通す)か(が)よろしく候」と書かれている。これは当時の時勢で和宮降嫁を契機として尊王攘夷の運動が高まり、攘夷派が伊東玄朴らの蘭学者を天誅の対象にしているとの噂がひろまった頃で、それが洪庵の死と結びつけられたものと思われる。

八重が大谷清一の申しそうなことと記しているところから、八重はこの人物をよく知っていたことがわかるが、適塾の『姓名録』を見ると、安政二年（一八五五）八月六日に備中中州上房郡松山藩から出てきて入塾した大谷三畏という適塾生がいた。他に大谷姓の塾生はいないのでおそらくこの三畏が清一であろう。その署名の横に「有故（ゆえありて）破門」と添書きされている。大谷清一は洪庵に破門されて、洪庵に対して屈折した感情を持っていた人物かもしれない。

また梅溪氏の『緒方洪庵と適塾生』の中で洪庵の死に対する次のような噂話が紹介されている。広瀬旭荘日記の『日間瑣事備忘』の文久三年七月二五日の条（図14）に「尾形(緒方)門人高瀬西海来、就先生臥処見、述洪庵死状」とある。高瀬西海も安政三年（一八五六）一月一六日に適塾に入門と「姓名録」に署名している適塾生である。この日旭荘は病臥していてこの日記の部分は門人の森秀蔵が書き残した個所である。先生とあるのが旭荘のことで、西海が旭荘の臥している処にあらわれて、洪庵の死状を伝えたというのである。

梅溪氏によるとその翌日にその内容を旭荘が南陔、雨窓、青村、林外に宛てて報せた手紙の中で「昨日緒方門人来り、洪庵も遂に六月十日死去候由、好人ニ候処、被召出候後ハ心配強く、殊に六月二日西丸炎上之時、和宮様御立退之御供被申付、坊主頭ヲ日々被照、夫より吐血之由、決して天誅家に被殺候ニては無之段申述候」と伝えている。これによると天誅説は余程ひろまっていたものとみえる。この天誅の話は否定しつつも、死去の八日前に江戸城西の丸炎上に際して、和宮を誘導供奉した時に、坊主頭（洪庵は大坂では総髪であったが、江戸に下って坊主頭に剃っていたのであろうか）に日射を受けたことが遠因であるというのである。あるいはそのことが洪庵の持病の病巣を動かしたこともあるかもしれない。当時は情報伝達手段が限られていたから、真実、訛伝とり交ぜて、人から人へと流言が伝わることが多かった。

以上、洪庵の最期について伝えられている事実をまとめて真の死因について考察した。八重の手紙の内容が当事者として最もよく真実を語っていることに違いなく、他の憶測は取るにたらないものであることは明らかである。洪庵の死因は長年の肺結核の持病が慣れぬ江戸での格式張った生活と経済的負担の圧迫で誘発されてその死を早めたのではなかろうかというのが筆者の推測の結論である。

四　適塾と教育

（一）息子の勘当

洪庵の息子に対する勘当は未だに解けない謎である。安政元年（一八五四）洪庵は一二歳になった次男平三（後の惟準）と一一歳の三男四郎（後の惟孝）の二人を、越前大聖寺藩（石川県加賀市）藩医の渡辺卯三郎へ入門させた。洪庵はかねてから洋学に入る前にまず漢学を修めねばならないという信念を持っていた。洪庵が一七歳の時に書いた父への置手紙には誤字が多い。また後年に執筆した『病学通論』の題言で自ら「余モ亦嘗テ文字ヲ正シ、章句ヲ明ニシ、法ヲ後世ニ垂ン事ヲ庶幾セリ。然レトモ余少フシテ、西学ニ志シ、東西ニ奔走シテ文ヲ学フノ余暇ヲ得ズ。卑拙浅陋悔ユトモ及バス」と言って、西洋学に没頭していたあまり、文を学ぶ暇がなかったことをのちのちになっても後悔している。したがって息子達にはいずれ洋学に入っていってもらいたいが、その前にまず漢学を十分身につけて欲しいという強い希望を持っていた。渡辺卯三郎は適塾で塾頭を勤めて洪庵が非常に信頼していた人物でその父八百助も漢学をよくしていた。

大聖寺の南方にそれほど遠くないところに大野（福井県大野市）がある。大野藩では藩侯土井利忠の洋学奨励の方針で、安政三年（一八五六）五月に洋学館が創設された。その初代館長に適塾の塾頭であった伊藤慎蔵が招かれて、同じく適塾出身の西川貫蔵と山崎譲がその助教を勤めたので、大野洋学館は適塾の分校のようなものであった。

この洋学館が開設された翌月の六月三〇日に平三と四郎が卯三郎に断らずに大聖寺の渡辺塾を抜け出して、慎蔵を頼って大野の洋学館へ入った。それから四ヵ月経った一〇月二四日付で大野藩家老内山七郎右衛門が洪庵へ手紙を出して、洪庵の息子二人が大野の洋学館へ来ていることを伝えた。七郎右衛門はその前年に大坂に出てきていて、大野藩の経済を支えるために事業を展開していて大坂で評判になっていた人物で、洪庵とも親しくなっていた。洪庵はその手紙を受け取った直後の一一月二日付で七郎右衛門へ次のように返事している（図15）。

先月廿四日出之書状差越、今二日相達し候処、豚児平三事、四郎と申合せ謀計ヲ以て御地へ罷越候趣、若輩之身を以て大胆不敵之至、不届至極奉存候ニ付、即刻慎蔵へ委細之返書差遣し、両人共勘当申付申候。巨細之義は慎蔵へ申遣候間、御聞取可被遣、同人より御相談申上候儀も御座候ハバ、重々恐入候へ共、可然御示揮被成遣度御願上候。

ここに息子達に対する勘当を宣言している。これによると洪庵は二子の脱走をその時まで知らな

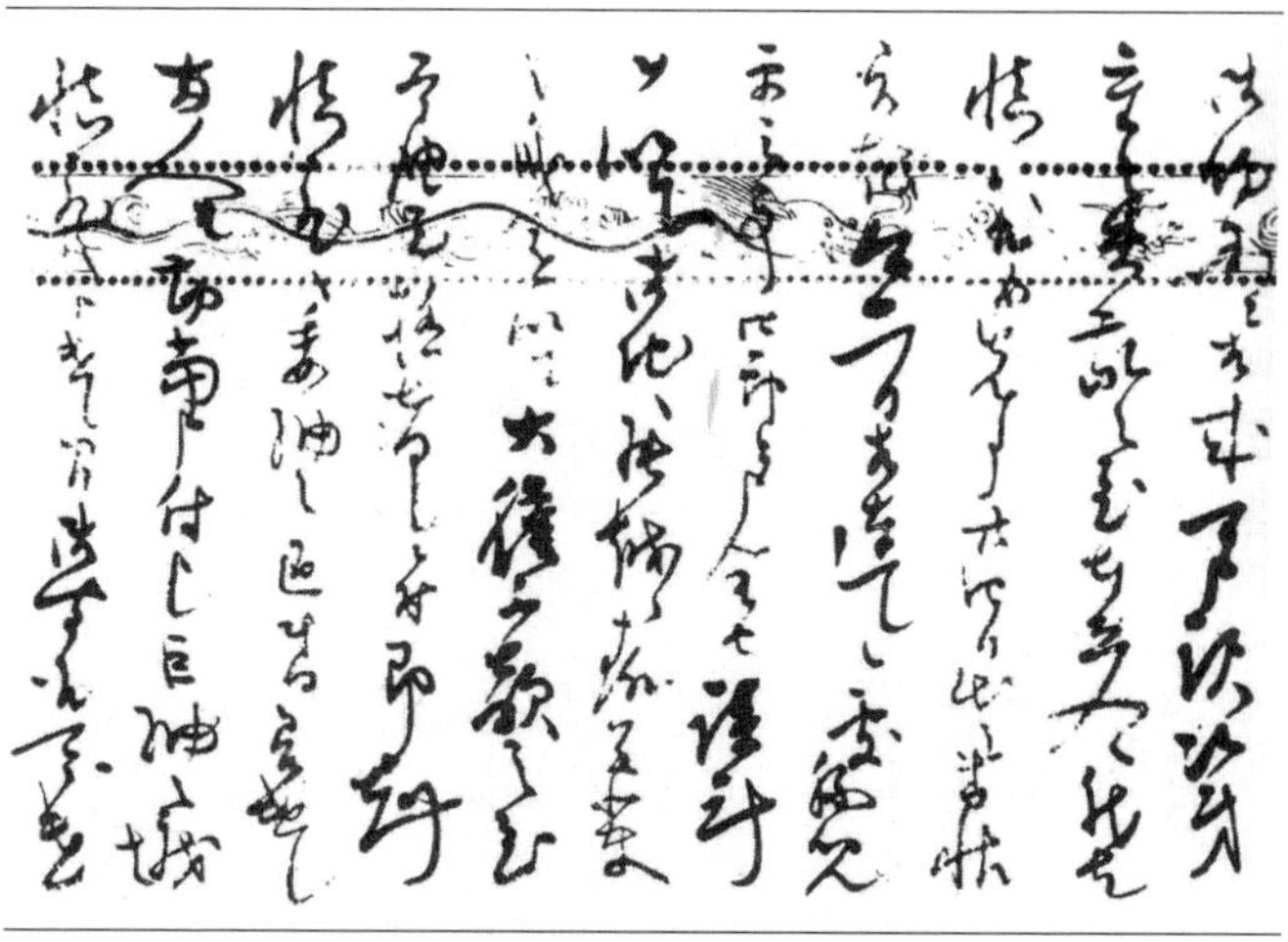

図15　内山七郎右衛門宛、洪庵手紙　安政３年11月２日付
左から２行目に「両人共勘当申付候」とある。

かったということになる。まずその四ヵ月間に卯三郎がなぜ洪庵へ報告しなかったか。慎蔵もなぜそれを直ちに洪庵へ通知しなかったのかが不思議である。その脱走の理由を当の平三が後日談として「今ヤ眼ヲ世界ノ大勢ニ注グ時、独リ漢学ニ凝リ、国学ニ耽ルヲ措キ、是非洋学ニ志サザルベカラズトシ、之ヲ果スニハ越前ノ大野ニ赴クニ若クハナシ」と述べている。これは後になって平三が自分のことを格好よく弁解しているのであろうが、本当にそう思って卯三郎のところを抜け出したことは事実であろう。しかし理由はそれだけであったかどうかは不明である。

不可解なことはまだある。このことに関係する大野藩の御用留の記録の要点や書簡の内容を摘出しておく。

〔大野藩御用留〕
安政三年（一八五六）三月二三日　伊藤慎蔵が大聖寺渡辺八百助へ蘭学のことで相談、訪問したいと一〇日間の休暇願。二五日出発。四月五日大野へ帰藩。
同年　六月三〇日　慎蔵方へ億川翁助が来て逗留、平三、四郎が大聖寺より来て蘭学所修行を届出。
同年　一〇月一日　慎蔵が『颶風新話』の草稿ができ、洪庵に直接質問したいと二〇日間の休暇をとり来坂。
同年　一一月一一日　慎蔵大坂から大野へ帰る。五日延着。延着理由は洪庵が他国へ出かけていて五日に帰宅したからという。

〔洪庵より内山七郎右衛門への書簡〕
同年一二月二五日
扨此頃は又々老人事平三召連レ罷出、種々御厄害ニ相成候趣、右同人旅行之事私共更ニ存不申、帰宅之上始而承リ、驚入候事ニ御座候。七旬ニ余ル身を以て雪中百里外独行仕候義、幾重ニも大胆不敵、実ニあきれ果申候。幸ニ無事帰阪仕候条、乍憚御安襟可被成下候。平三儀ニ付而は不一方深ク御厚配被成下候趣、逐々承り、千万難有仕合奉存候。何分此上万端宜ク御願申上候。四郎事も以御蔭逐々上達仕候趣大悦仕候。甚乍恐入候義、万事御添心被成下度、偏ニ御願申上候。老人よりも万端御礼宜ク申上候様申聞候。

〔洪庵より内山七郎右衛門への書簡〕
安政四年(一八五七)六月二〇日
両児共不相替御厄害千万難有奉謝上候。此上万端宜敷御願奉申上候

〔洪庵より藤野昇八郎への書簡〕
安政五年(一八五八)四月一六日
過日は大野へ御越之よし。其節は豚児共へ何寄之品御恵投被下候よし奉謝候

二子が大聖寺を抜け出したのは安政三年(一八五六)六月三〇日であるが、その三ヵ月前の三月二三日に慎蔵が大聖寺の卯三郎の父八百助の処へ行って、蘭学のことで相談、訪問したいと一〇日間の休暇願を藩に出している。三月二五日に大野を出て、四月五日に大野へ帰っている。大野と大聖寺の間は五〇キロほどの距離で一日行程であるから、慎蔵は大聖寺の渡辺家に一週間ほど逗留していたことになる。この時平三、四郎も渡辺家に居たはずである。それは大野洋学館の開設前であるので、慎蔵は洋学館をどう経営したらよいかを渡辺父子に相談に行ったのがその目的であったろうことは容易に想像がつく。その話を二子は当然聞いていたはずである。おそらくこのことが二子が大野へ行く直接の動機になったろうと思われる。

六月三〇日すなわち平三、四郎が洋学館へ入学届けを出したその同じ日に、慎蔵方に億川翁助すなわち二子の叔父が名塩から来て逗留している。この大野藩御用留が正しいとすると、二子の祖父、億

川百記もこの計画を予め知っていて、日を合わせて自分の代りに息子の翁助を大野に赴かせたのである。それならばなぜ事前に百記は洪庵へそのことを伝えなかったのか全く不可解である。

さらに不思議なことは、洪庵がこの事実を知ったのは前述のように数ヵ月後の一一月に七郎右衛門からの手紙を受け取った時であるが、その前の一〇月一日の御用留によれば、慎蔵は自著『颶風新話』の草稿が出来たので、そのことで洪庵に質問したいと、藩から二〇日間の休暇を取って大坂へ出向いたと記されている。草稿に対する洪庵の意見を聞くのであれば手紙で十分であるから、これは藩への表向きの理由の届出であって、実情は書けない事情があったのではなかろうか。これはやはり二子の大野行に関係していて、その言い訳を洪庵に釈明するために大坂へ出かけたのではなかったかと推測される。

しかも一一月一一日に慎蔵は予定より五日延着して大野へ帰ってきて、その延着の理由は洪庵が他国へ出かけていて五日に帰宅したからだと言っている。この一一月五日は洪庵が一一月二日付で七郎右衛門へ勘当宣言の手紙を書いた直後である。つまり七郎右衛門と話を合わせて、七郎右衛門の手紙だけでは、洪庵は納得しないであろうから、慎蔵が直接行って説明してくるという筋書きの舞台裏ではなったかと想像される。

もっと不可解なのはそれからさらに一ヵ月余り経った一二月二五日に洪庵が七郎右衛門へ手紙を出している。その手紙中の老人とは百記のことである。洪庵は義父百記にはよく孝養を尽くして親んでいる。その百記が洪庵には黙って大野へ赴いて、半年後に帰ってきてはじめて洪庵がその事実を知ったということは実に変である。この手紙をよく読むと前の一一月二日の七郎右衛門への手紙に比べて二子に対する洪庵の態度に大分軟化の兆しが見られ、平三のことで丁寧に礼を述べて、四郎の勉学の上達振りを喜んでいる。一一月の段階では七郎右衛門の突然の手紙で始めて事実を知り、怒って発作的に勘当を申し渡したが、恐らくその直後に慎蔵になだめられ、さらに百記が来て間を取り持ったので、漸く洪庵の心も柔らいできている様子がよくわかる。

安政四年（一八五七）六月二〇日の七郎右衛門への手紙にも、翌年四月一六日の藤野昇八郎への手紙にも子供達への配慮への感謝の気持を述べている。ここで勘当は解けていると考えてよかろう。洪庵は非常に温厚な人であるのに、何故勘当という厳しい処置を取ったのかが不思議である。別に何か事情があったのかもしれない。たしかに父に無断で二人が渡辺塾を抜け出したことを怒ったことはわかるが、その周囲が申し合わせたようになぜ半年近くもそのことを洪庵に伏せていたのかが依然として謎である。

（二）弟子の破門

伊藤精一の場合

洪庵は何人かの塾生を破門している。他の人間関係ではきわめて温厚な洪庵がなぜ弟子にだけそのような厳しい処置をとったのであろうか。実際に事実を調べてみる。

伊藤精一は後には適塾の塾頭になり、また洪庵に推挙されて大野洋学館館長になった人物である。それより以前の嘉永六年（一八五三）七月一日の洪庵の日記に「晩、中耕介来訪。伊藤精一不埒之事有之、破門す」と書かれている。中耕介とは洪庵の師の中天游の子であり、適塾からは遠くない江戸堀千秋橋畔に住んでいた。精一は慎蔵の旧名である。この日洪庵は耕介を呼んで、精一を破門放逐するから預かってほしいと相談したに違いない。精一にどんな不埒な行いがあったのかはわからないが余程洪庵を怒らせる行為があったのであろう。その三日後の七月四日の日記に「伊藤精一去る朔日破門いたし置候処、中環宅より今日亡命いたし候由申来る」とある。環は耕介の別名である。この日、中宅に預けられていた精一は耕介にも無断で飛び出して行方がわからなくなった。

その年の秋に大村益次郎が宇和島の伊達宗城侯に招かれて、故郷の山口から宇和島に向かう途中大洲の山中有中宅に立ち寄ったところ、そこで精一に遇った。翌嘉永七年（一八五四）二月一九日の大村日記によれば、卯之町の二宮敬作の家に滞在していた精一が、敬作の子の逸二とともに益次郎を訪ねてきて、この日富沢松庵も加わり四人で宇和島の三島社に桜見物に行ったと書かれている。この年の旧暦二月一九日は陽暦の三月一七日になるから宇和島での桜見の季節であった。実はこの桜見は精一が適塾へ戻る旅の送別会であった。つまり前年に大洲で益次郎が精一に遇ってから後に、益次郎が洪庵の間を取り持って精一の破門解消を斡旋したと推測される。洪庵がそれを許して精一の適塾への復帰が実現したのである。

このように洪庵は一旦破門した弟子を許すというパターンを他の場合にも繰り返している。単に許しているのみならず、後でかえって重用していて、精一の場合も塾に戻った直後に塾頭にしている。大村日記によりその後の精一の行動をフォローしてみる。嘉永七年二月二四日「伊藤精一出立」。同年六月七日「逸二大坂遊学。緒方、栗原只一、伊藤精一、中耿助書状出ス」。六月九日「二宮並ニ伊藤精一（慎蔵ト改名ス）ヨリ書状来ル」。すなわち精一は三島社での送別会の後、すぐに宇和島、卯之町を発って、大坂に着き適塾に戻ったので、今度は逸二が精一の後を追って適塾に入門したのである。耿助は耕介である。精一は余程改悛の思いが強かったのか、これから行いを慎むとの意を籠めて、この時から名を慎蔵と改めている。

この年の六月二八日に適塾に入門した長与専斎の回顧録『松香私志』に「余が入塾せる時、塾頭は伊藤慎蔵（長州の人）とて、越前大野藩に聘せられ、其次は栗原唯一（京都の人）とて水戸藩に雇はれぬ」と書かれている。これから見ると、三月に適塾に帰った慎蔵は六月には塾頭に就任していたのである。その年九月一八日にロシア船ディアナ号が突然大阪湾に現われ、京都の天皇に開港を直訴しようとした。その前年にペリーが浦賀に来航していたが、今度は京都の喉元の大坂へ来たというので、日本中がまた大騒ぎになった。大坂中で外国語ができるのは適塾しかないというので、大坂城代は洪庵にロシア船との外交折衝を依頼した。洪庵は自分の代理として伊藤慎蔵と栗原唯一を差し向けて通訳の任に当らせた。このことによっても、慎蔵に対する洪庵の信頼が如何に厚かったかがわかる。ディアナ号は交渉の場を下田にするということに納得して大阪湾を去った。慎蔵たちの働きが効を奏したということである。

その翌年の安政二年（一八五五）に慎蔵は越前大野藩に招かれ洋学館館長に就任している。当然これは洪庵の推薦があってのことで、洪庵が破門した後の慎蔵を大切に扱ってその要職を与えたのである。

坪井信友の場合

次に坪井信友の場合を見てみよう。信友は洪庵の師の坪井信道の実子で、嘉永五年（一八五二）の晩夏に適塾に入門していた。入門した翌年の嘉永六年一月二八日の広瀬旭荘の日記「日間瑣事備忘」に、

（信友柬）曰、請視之、初信友在緒方氏、遊蕩無度、洪庵怒逐之、至是信友柬余曰、某悔過改行既久、願先生為某謝、緒方翁許、再遊其門幸甚、余答曰、足下常改過於口而不改于行、今千里阻隔、無由面睹、柬豈可信乎、何不与信良兄謀謝翁乎、信良兄所言翁必信之、不待僕也云云。

と書かれている。

信良も適塾生で信道の養子であるが、信道は実子の信友より義子の信良を信頼していた。適塾にあって、信友は放蕩無度、遂に洪庵は怒って信友を放逐した。江戸に帰っていた信友が旭荘にこの手紙を書いて、自分は既に悔い改めているから、再度適塾に帰れるように洪庵にとりなしてくれと頼んで来た。しかし旭荘はお前はいつも口で改めると言いながら、行いでは改めていないから信用できな

い。なぜ義兄の信良に相談して洪庵に謝らないのか。信良の言う事は洪庵翁は必ず信じる。自分が出る幕ではないと、体よく洪庵へのとりなしを断っている。その後、結局洪庵は信友を許しているが、信友は適塾に再来していない。後年洪庵が江戸へ下った時に、信友に会っている。この時信友は洪庵を有難く思い感謝しているという記録があるので、信友の場合も最後は洪庵の怒りは解けて、終わり良しとなっていたと思われる。

津田淳三の場合

嘉永五年（一八五二）に破門されて適塾を去ったと伝えられている津田淳三の退塾の理由に全く異なる資料が二つある。黒木稼吉の「三州遺事」（昭和六年）によると、淳三は生来磊落不羈で酒を飲んでは放歌することが多かった。適塾に居る時も暇あるごとに青楼に遊び新内に傾倒して学問に身が入らず、放蕩の度が重なったので遂に破門されて京都の赤沢塾に移った。その後適塾では加賀出身の渡辺卯三郎が帰郷することになり一時塾頭を欠いたので、淳三が呼び戻されて塾頭に就いた。これは塾生達の強い希望が洪庵を動かしたものと推測されていて、洪庵はこの時賓客の礼を以って淳三を待遇したという。この場合も伊藤慎蔵とよく似たパターンで、破門を許された後に、帰塾してから塾頭となっている。

もう一つの資料は子孫の津田進三氏の談話「津田淳三について」（『石川郷土史学会会誌』第一〇号、昭和五二年）で次のように述べられている。淳三の退塾は適塾の賄征伐に関係していた。塾生達の非難が集まった女中を八重夫人がかばったため、ねじ兵衛と綽名されていて生来妥協を知らない淳三が憤然と退塾したというのである。

この両説には全く違った理由が記されている。前者はその他の記述に偏見と誤謬が認められるので、内容に疑問がもたれるが、後者も身内の記述という点では気になる。しかし塾生達と八重との間に軋轢があったという例は後に述べるように他にもあった。淳三の不屈な性格から八重の態度に反発して、遂に自ら塾を出て行ったということはあり得たと思われる。どちらの理由が真実であったかは分からぬが、洪庵はこの問題には超然としていたように見える。塾頭の渡辺卯三郎が去って塾頭になる人がいなかったとはいえ、破門した淳三を呼び戻して直ちに塾頭に据えているところが洪庵らしい。

まもなくその淳三も金沢へ帰国することになった時に、洪庵は別れを惜しんで次の和歌を淳三に贈っている。

遊士帰郷

摘みとりしいく海やまのことの葉も
けふふるさとの花とさくらん　　　章

また「立身須作真男子　為津田生　緒方章拝書」の書軸も贈っている。

これらの和歌や書を見ても、破門をした塾生への言葉とは思えない。淳三の才を愛していた洪庵の心がよくわかる。淳三は金沢へ帰って、師の大坂の除痘館にならって、金沢堤町に種痘所を開設して除痘館と同じ名を付けた。明治になってから、淳三は同じ適塾を出た大田良策や田中発太郎と協力して金沢に医学館を創ったが、これが現在の金沢大学医学部の源流となっている。

飯田柔平の場合

もう一件、飯田柔平の破門問題を考えてみたい。嘉永三年（一八五〇）に入門していた橋本左内は除痘館開設にも関係した越前の笠原良策すなわち白翁に度々手紙を出している。嘉永四年（一八五一）五月二七日の手紙に次のように書かれている。

柔平氏先年退塾候は女色之事にて放蕩有之候故に候。定此砌之事は良山委曲御承知可有之候間、御承可致下候。然処昨年師命にて帰塾後ハ行状前日とハ相違、耽色使酒等の振舞無之候。於緒方先生ても大に安心被致様子に御座候。防州何某と申人の来状一見仕候処、於彼方近頃行状之相直候趣、大に被悦居候哉に被察候。（中略）柔平退塾の義、実ハ緒方家令内と不和ニて先年郁蔵別家仕候も同断之事と被察候。

文中の良山とは福井に居る適塾同窓の宮永良山（欽哉）のことで、良山に聞けばそのことはよく知っていると言っている。女色のことで破門になった柔平はやはり師命で帰塾し、行状がすっかり改まって洪庵を安心させたと言っている。ここでもまた洪庵は破門を許している。注目すべきはその後の緒方家令内云々の記事で、柔平の退塾の理由は八重夫人との不和が原因であることを伝えている点である。さらに先年養子の郁蔵が別家したのも同じ理由であったろうと言っている。郁蔵が南塾を建てたのは適塾の塾生の数が増えたので分家したといわれているが、それもあったかもしれないが、実は八重夫人とうまく行かなかった事情があったためということがわかる。したがって、柔平の女色云々のことも割り引いて考えなければならないかもしれない。左内がいい加減なことをいう人ではないから、破門の本当の理由はよく分からないにしても、津田淳三の場合も飯田柔平の場合も八重夫人との問題がからんでいたことは確かであろう。

同じ年の六月五日の左内より良策への手紙には、

当地塾頭飯田柔平と申人、昨年より再度帰塾塾頭勤居候処、師家令閨と少々不和之廉も有之、一向塾ニも落付兼候。（中略）先年退塾ハ女色ニ付、放蕩致候故之事ニ候。昨年帰塾ハ先生より内々伊東玄英を以て旧悪相改め候ハ、宥恕可致旨、京都方江申参候故之事ニ候。今度師家退塾ハ甚不敬之至ニ候得共、令内一向飯田を好み不申、毎々先生江離間等有之候て、先年行々東武江も世話致候て出し可申約定も有之候得共、迚も当時の勢ニては右様之事共ニては無御座候。箇様之事共逐一申立候得ば、無数限事ニ候。何分郁蔵分家仕候ニても御察し可被下候。

と書いている。

これによると、柔平の最初の退塾は女色と八重との不和の両方の事情があったようであるが、その退塾後洪庵が伊東玄英を通じて帰塾を許したことがわかる。しかしそうして帰塾した後もやはり八重夫人との不和が解けず再び塾を出ていかなければならなくなったというから、八重問題はかなり根が深かったようである。行く行くは関東方面に就職の話が出ていたらしいが、とてもそれどころではない状勢で、郁蔵分家のことからも察してくれと左内が言っているのは余程のことであったように思われる。

その一ヵ月後の七月八日の左内の手紙には、

飯田氏事ハ先日来御返書も一向到来不仕、其間故障蜂起、小生も殆北行六ケ敷と察し居候。渋谷帰後段々相談仕心配致候処、先々他の故障ハ平癒致候。（中略）飯田は北行決心有之事ニ御座候得ハ、只今之模様ニてハ他国など江参り可申とは不被存候。乍去師命ニて退塾不許時ハ小生共カ不能事ニ御座候得ハ、是義ハ老兄方ニても御弁江可被下候。

と言っていて、左内が柔平への友情から柔平の福井行を斡旋しかけたが、洪庵は直ちには許さなかったようである。

さらにその一〇日後の七月一八日の左内の手紙には、

陳ハ飯田子義段々延引相成、定て日々御待可被成、甚御気毒之訳合ニ御座候。ケ様相成候ハ別之義ニては無之、過日塾一統飯田氏ニ少々悪言相生し候処、飯田大に痙攣を発し、大喧嘩ニ相成、塾中ニ一人師家より退塾被申聞候者も有之、塾中より退出願出候者も有之、誠大変至極ニ御座候。（中略）去る十四日渋谷氏被呼出、委細尋詢有之候由。渋谷は曽国許蘭学之盛なる事申述、且老兄御託之趣申述候処、先生被申候ハ飯田子北行致候様右様相運ひ候ハ如何之起因ニ候哉と被申候由。渋谷少し嫌疑を避候て、其処存じ不申、但福藩罷過候節笠原氏面会被致、右様相頼候事ニ候、何分橋本氏御呼出し、御聞取可被下候と答候旨、其夜小生江話有之候。其故明早小生罷出申候ハ、飯田北行ニ相運候次第ハ、昨年市川斎宮国許江参り居、原書学教授致居候処、当秋東武罷越候。就てハ昨年より原書執心仕候者も、只今打休候てハ甚残懐の次第、其上良策氏も近来篤志ニて原書学致候故、旁以、原書読一人招度旨兼て小生方江頼み有候折節、飯田兄漫遊之御念も有之由承及候故、幸之事と存じ、北行可致被成哉相尋候処、其ハ甚都合好事ニ候得は、早速御国元江御申越置可被下候旨御返答有之候故、直様申越候処、国元ニても大慶致し、其後渋谷兄北行ニ付良策態々御面会致し、飯田兄北行之御世話相願候事ニ御座候。良策御世話申方ハ渋谷兄より之御話之通ニ御座候。何分北行一日も早く御許容希度旨縷々申述候処、先生被申候ハ飯田退塾致し候てハ手前甚指差へ候。乍去本人所存も有之事ニ候得は、不苦間、尚此上本人存じ更に篤と承り、決定之返事可致、且右様之次第ニ候得は、良策兄より何故頼状不参哉と不審被申候故、小生対候ハ、其ハ内談未タ確定不申候故、小生より止め置候事ニ御座候。定て無程御頼之書帖到来可仕被察候と申述候処、御国元御都合之次第篤と承知致候間、可然本人江指図可致旨被申候。右之趣篤と御考弁一筆御認、緒方江の頼状御遣可被下候。

柔平の問題は塾全体の問題に発展して大喧嘩となり、一人がまた退塾を申し渡され、一人が自ら出て行く事態となった。そもそも柔平は八重夫人との軋轢で適塾を出て行きたいと思い、福井藩で世話してもらえないかと左内に頼んできたのである。そのことは洪庵へは言えないはずである。そうこうしているうちに柔平の福井行きの話は洪庵の耳にも入り、福井から帰ってきた渋谷良治が呼びつけられて、洪庵から柔平の福井行きの話は一体何処から出てきたのか問い糺される。良治は言葉をにごして自分はよく知らない、左内に聞いてくださいと逃げた。翌日左内が洪庵に呼ばれて、実にうまく柔平の福井行きの事情を取り繕って洪庵に説明する。福井で蘭書の教授をしていた市川斎宮が江戸へ移ることになったのでその後任を良策から依頼されて、自分は柔平がよいと推薦した話が進んだのであると弁明した。洪庵はそれなら何故自分と親しい良策が直接自分に手紙を寄越さないのかと不審に思うと言った。左内はそれはまだ内々の相談の段階であったからであると弁明した。そこで真相がばれそうになったので、左内は良策にこの手紙を書いて、この事情を踏まえて洪庵にすぐに手紙を出すように頼んでいる。左内の人を信用させ、事態をうまく処理してゆく手腕はさすが後に藩主松平慶岳侯から抜擢される政治家としての素質を十分うかがわせる。

左内の説得により、柔平の福井行きを認めざるを得なくなった洪庵はそれでも、今柔平に塾を出て行ってもらったら差し支える。しかしながら本人の意思であれば致し方がないと言わしめている。一旦破門をした弟子の退塾をそれほど惜しんでいることに洪庵の弟子の破門における真情を見ることができる。

（三）適塾の経済

塾生の経費

適塾について考える場合、従来余り金の問題については語られることがなかった。今回できるだけ資料に基づいて、塾生や洪庵の懐具合について推量してみる。

まず塾生の入費を調べてみる。嘉永六年（一八五三）、過書町時代の適塾に河内の小坂から適塾に入門してきた芦田愛次良の場合の入門式、今でいえば入学料は次の通りである。

一、金二〇〇疋　先生
一、金五〇疋　　塾頭
一、金五〇疋　　塾中
一、銀三匁　　　先生扇子代

当時の貨幣価値を現代のそれと正確に比較するのは難しいが、江戸時代は米一石の値段が物価の規準になっていて、それが貨幣の一両に大体相当していた。洪庵の時代は飢饉や天保の改革などの影響で、米の値段と金の価値の変動が激しかったので、一概に言えないが、いろいろな情報を総合するとその頃の一石すなわち一両は現在の七～八万円に相当していた。以下これを八万円と割り切って換算してみる。

金一〇〇疋は一分《ぶ》に相当して、四分で一両に当るので、二〇〇疋で約四万円になる。これが洪庵先生への束脩すなわち入学謝金として差し出された。同時に塾頭と塾中に五〇疋づつ、約一万円づつが支払われている。福澤諭吉の『福翁自伝』によると、これはほとんど塾生の酒代となった。先生扇子代とあるのは八重夫人への祝儀で、その銀三匁は大体〇・〇五両すなわち四〇〇〇円位で大した額ではない。洪庵先生への束脩と合わせても五万円に足らない。入門生が約五〇名を数えた安政六年(一八五九)の年の洪庵の年間を通じての束脩の収入はせいぜい二〇〇万円程度であったろうと思われる。

洪庵の義子の緒方郁蔵が北久太郎町に開いた南塾すなわち独笑軒塾の入門式も当然のことながら適塾のそれに準じていて次の通りである。

一、金　二〇〇疋　先生
一、金　二朱　奥方
一、同　　塾長　塾監
一、同　　塾中　属僚
一、銭　二〇〇銅宛　婢僕

二朱は〇・五分《ぶ》で、ちょうど金五〇疋に相当する。すなわち婢僕に対する心付けの二〇〇銅銭ずつ以外は適塾の入門式と全く同じである。この入門式の価格は当時の江戸の伊東玄朴の先象堂、京都の小石元瑞の究理堂、新宮涼庭の順正書院などの蘭学塾に共通する相場であったようである。

以上は入門時の塾生の費用であるが、独笑軒塾の記録によると、さらに盆暮謝儀として、先生に二朱、婢僕に銭一〇〇銅ずつが支払われている。
　次に塾生の毎月の経費を見ると、独笑軒塾の場合、白米一斗五升となっている。一石は三分二朱であるので一斗五升は金に直すと二朱余、すなわち約一万円となる。『福翁自伝』には適塾での在塾費用は一ヵ月一分二朱から一分三朱と書かれている。これは約三万円に当り、おそらく賄料以外の諸雑費も含まれた額であろうから、賄料としては独笑軒塾と同じ一万円程度が塾生から塾に差し出された額ではないかと思う。
　適塾の塾生の食事は「一、六（の日）が葱と薩摩芋の難波煮、五、十が豆腐汁、三、八が蜆汁」ときまっていたと諭吉は書いているから、毎日が粗食であった。福澤諭吉や伊藤慎蔵の場合のように、国許の親から仕送りを受けていない塾生は少なくなかったと思われる。その場合の塾費は書物の筆写料が結構十分なアルバイト料となった。当時は今のように書籍が自由に印刷刊行される時代ではなかったので、筆写の需要が多かった。特に適塾生への注文が多かった。
　越前福井の医者笠原白翁が適塾に居た橋本左内へ、洪庵の発刊前の『扶氏経験遺訓』の筆写を依頼した時の筆写料を次に示す。これは左内自身が写本したとは限らない、左内が同僚の誰かに斡旋したのかもしれない。
大美濃紙　一状（四八枚）四〇〇文（約八〇〇〇円）
写料　　　六分（約一二〇〇円）
表紙料　　一冊　一匁四分（約二八〇〇円）

校読料　　六〇枚　四匁五分（約九〇〇〇円）

大美濃紙四八枚分が約八〇〇〇円であるから、一枚あたり約一七〇円に当る。次の写料というのは全体の謝礼であろうか。表紙料というのは表紙を付けて一冊に綴じて仕上げる費用であろう。筆写の場合、特に誤字が多いから校読すなわち校正が必要で、これには一枚分約一五〇円が支払われていて、筆写料に匹敵している。それで『扶氏経験遺訓』の五、六〇枚分全体の写本料として約二万円を手にすることができるわけで、塾費の月額を支払って余りあることになる。

『福翁自伝』によると、ヅーフ辞書の筆写に対しては、

蘭文　一枚（三〇行）　一六文（約三五〇円）

和文　一枚　　　　　　八文（約一八〇円）

で、和文は『扶氏経験遺訓』の場合と大体同じであるが、蘭文はその二倍と高い。これらの写本料によって、苦学生も十分塾費をかせぐことができた。

書籍代

次に当時の書籍代を調べてみると、洪庵の著作の『病学通論』は全三巻で一分二朱、すなわち約三万円、『扶氏経験遺訓』は一巻で五〇疋、約一万円であるので、三〇巻全部を揃えようとすると三〇万円を要し、書生では刊本を手に入れるのは容易でなかった。

オランダ語原書となると、次のような価格が出ている。

『ボムホフ英語字典』　一五ドル（約八両三文、約七〇万円）
『ファンデルビュルグ博物書』　九両（約七〇万円）
『カラームル術語辞典』　一八両（約一四〇万円）
『ワンダーベルト物理書』　八〇両（約六四〇万円）

となると蘭学者でさえなかなか手が出ない。有名な『解体新書』の原本のヨハン・アダム・クルムスの Anatomische Tabellen のオランダ語訳書 Ontleedkundige Tafelen いわゆるターフェル・アナトミアは杉田玄白も前野良沢もそれぞれ藩主に買ってもらったものを借りていた。

洪庵も筑前藩黒田侯の侍医になっていたが、江戸へも博多へも行くことはなく、黒田侯が参勤交代の途次、大坂に立ち寄った時に、中之島の筑前藩邸に伺候して御機嫌を伺った。ある年のこと洪庵は黒田侯の手に入れた『ワンダーベルト物理書』を大坂滞在期間中に借りて適塾に持ち帰り、塾頭の福澤諭吉に見せた。諭吉は洪庵に頼んで、これを塾生部屋に持って行って一同に見せた。しかし唯眺めているだけだは何の役にも立たない、塾生皆で筆写しようではないかということになり、読む者、写す者、墨をする者と手分けして二夜三日休まず写本して、ファラデーの電気説と電池の部分は全部写し取った。お蔭で当時の日本中で電気に関しては適塾生は最高の知識を得たと諭吉は書いている。

この『ワンダーベルト物理書』の価格は八〇両すなわち約六四〇万円であるから、洪庵も手が出ない。このようにして貴重書は藩主に買って貰ったものを蘭学者が借りて読んだのである。

洪庵の家計

さてその洪庵一家の家計を推測してみる。安政二年（一八五五）、諭吉が塾頭を勤めていた適塾の最盛期に塾生の数は七〇人に達していた。前に述べたように『福翁自伝』によると、塾生の在塾費月額は一分二朱であるから年額にして四両二分、その七〇人分で三一五両、これに新入塾生四〇人分の束脩を一人二〇〇疋として全部で二〇両、夫人謝儀一人二朱の四〇人分で五両、総計すると一年に塾生から洪庵へ差し出された額は三四〇両、約二七二〇万円ということになる。しかしこの額で七〇人の塾生の食費を賄わなければならない。右から左に使われておそらく洪庵の家計の足しにはならなかったであろう。

洪庵自身の大家族と塾生の食事のために、何人かの女中も雇わなければならない。この年、洪庵は第一一子の十重が生まれていて、その前に四人の子供を幼没で失っているとはいえ、子供の数は七人である。この年、次男の平三と三男の四郎を越前大聖寺の渡辺卯三郎塾へ修業に出しているので、その学費も送らねばならない。洪庵は天保一〇年（一八三九）以来、足守藩から三人扶持を受けているが、三人扶持というと、現在の貨幣価値に換算して年約五万円余であり、筑前藩からの扶持も同様であったろうから、全体の家計に及ぼす影響は知れている。

もちろん洪庵は毎日、回勤といって患者の家を往診して廻っている。その謝礼がいか程であったかはわからないが、その往診料によって大部分の家計を支えていたに違いない。それ以上に、その分から塾の維持費への持ち出しがかなりの額に上っていたのではないかと想像される。

元来、洪庵は経済感覚にはうとい方であったことはその生涯を通じて見られる。洪庵が適塾を瓦町から過書町に移した弘化二年（一八四五）に、長崎に居た医家の柴田方庵がその一二月一四日の日記に次のように書き残している。「緒方洪庵に先年用立金子残額四両二歩催促書状、鍵屋重太郎上坂ニ付、請取返り呉候様、相頼み遣す」。洪庵が長崎に遊学していたのは天保七年（一八三六）から九年（一八三八）の間で、その留学資金は義父億川百記らの名塩衆の頼母子講により支給されていたが、それでも不足したのか、余程窮して方庵から借金をしていたらしい。それを長崎滞在中に返すことができずに大坂へ帰ってきて、七年間もそれを忘れていたとしか思えない。洪庵は忘れていたこの借金の催促を受けて、驚いて返済したはずであるがその記録はない。このことは洪庵の金に無頓着な逸話として受けとめておきたい。

瓦町の適塾が塾生で狭くなって、意を決して弘化二年（一八四五）一二月に過書町へ移転したが、その時足守の父瀬左衛門から洪庵への手紙に「此度ハ御買求之由、嘸大金と存候。成ルほと分限過之儀ナレトモ、思ひ切よく御求メ御手柄ニ御座候」と書き送っている。

この過書町の家屋敷購入についての真相が昭和六一年に杉立義一氏により発見された「永代売渡申家屋敷之事」「弘化二年巳十二月過書町転居諸入用扣」「家質利銀請取通」の資料によって明らかとなった。それによれば過書町の家屋敷は弘化二年一二月に滋賀屋忠右衛門から名塩屋熊太郎に銀三〇貫目で売渡されている。滋賀屋忠右衛門は両替屋の四代目天王寺屋忠兵衛の実弟であり、名塩屋熊太郎とは過書町で薬種商を営んでいた洪庵の義父億川百記の旧使用人であることが分かっている。当時の大坂では洪庵のような帯刀人が直接土地を所有することは禁じられていたので、名義人の名塩屋熊太郎を立てねばならなかったのであるが、実質的には洪庵が買い取ったものである。

その購入価格については、名目上の屋敷購入費は三〇貫である。それとは別に家屋敷購入のための当面の費用が要った。それには家を質にした借入金四〇貫をあてて手附金一〇貫、証文代五貫、さらに丁切費用二貫八〇〇匁、修繕費等諸雑費一〇貫四〇〇匁などを賄った。当時の銀一貫は金にして約一七両に相当するとして、この銀四〇貫目は六八〇両、現在の金にして約五千万円に相当する。これまで見てきた洪庵の生活態度からして瓦町時代の七年間にそれだけの蓄財がなかったことを物語っている。

この当時にしては巨額の家屋敷購入費の支払いに、洪庵はいかに対応したか。洪庵は売却主である天王寺屋忠兵衛の理解ある処置で、これを低利の融資として長期にわたり分割支払をした。今日の住宅ローンと同様である。月利は一八〇匁であった。緒方家によるその支払いは洪庵没後の明治六年（一八七三）にまで及んでいる。しかしそれ以外に億川家からの何らかの援助が別にあったに違いない。

文久二年（一八六二）、洪庵は幕府から奥医師、西洋医学所頭取の就任を要請されて、住み慣れた大坂を離れて江戸に下向しなければならなくなった。大坂を発つ前の六月一七日に長崎に遊学中の次男平三改め洪哉と三男城次郎に宛てて洪庵が「（この度の江戸行きは）道之為、子孫之為、討死之覚悟に罷在候」と心情を吐露したのは種々の難儀に加えて経済的理由も大きい要因となっていたと推測される。

緒方富雄氏の「晩年の緒方洪庵」（『三田評論』六一四号）によれば、その洪庵の江戸行の旅費は二九一両。八月一九日に江戸に着いてしばらく下谷御徒町和泉橋通の伊東玄朴宅に厄介になった後、すぐ隣の医学所内の長屋に仮住いした。その年の一二月大晦日までの江戸滞在費は二三五両。翌文久三年（一八六三）一月から八重や子供達の一家を江戸に呼び寄せる三月までの費用が一五〇両、それまでの旅費、滞在費を合計すると六六六両、約五三〇〇万円かかっていることになる。

文久二年（一八六二）閏八月六日に大坂の拙斎に宛てた手紙には「扨、拙老身分は此上もナキ結構申スまでも無之仕合ナレども、案外ナルハ金子の費、仰山なる事也。従是拝領地面普請抔ザットいたし、可也に住居の出来候までの入用相考候ニ、凡ソ千金と被存候。如何にしても五百金の借財ハ急ニ不致て不叶様なり。扨て困り入りたるもの、心事御推察可被下候」と書いている。

翌九月晦日に長崎の次男洪哉への手紙には、

拙者も被召出ニ付てハ、莫大之物入。第一家来十人も召抱、勤向キ諸道具、衣服、大小まで、今まで所持之品一切間ニ合ヒ不申。総て新規ニ相調へ候事故、最早只今までニ四百金も費し候得共、未タ何が出来タとも見へ不申候之事、未タ屋敷も定り不申、いづれ家作ニも極倹約之麁末ナル普請にても五百金ハ懸り可申との事。大坂より之引越も不容易物入、迚而も蓄への金子ニてハ引足り不申、身分コソ高ク相成、難有事ニハ候へとも、是より大貧乏人と相成。年老て苦労致サネはナラヌ仕合、如何ニも情ケナキ次第、推察可給候。

と書き送っている。

やがて医学所の敷地に接して洪庵のための頭取役宅の建築が始まる。その家作にも少なくとも五〇〇両は要る。大坂からの家族の引越代も馬鹿にならない出費で、それまでの蓄えの金額ではとても足らないと嘆いているのは真情であろう。

大坂の適塾での自由な町医の生活から一転して幕府奥医師、医学所頭取としての格式のある堅苦しい役職に就いた心労が、もともと健康に不安があった洪庵に致命的なストレスを与えたことはもとよりであるが、それに加えて江戸生活での経済的状況が直接洪庵の心に大きい負担としてのしかかってきたことが死を早める直接の原因となったのではなかろうか。前の息子の洪哉（維準）への手紙で予見した通り、八重達家族が江戸へ来てから三ヵ月後の文久三年（一八六三）六月一〇日に、洪庵は突然の喀血によって討死のように急逝した。

（四）適塾生の教育観

これは「謎」ではないが、現今この国で教育の問題が改めて真剣に論ぜられている。特に、未成年の犯罪が頻発して、この国の将来を憂うる声が高まっているからである。緒方洪庵も未成年の一七歳の時に、決心して置手紙を親の許に置いて出奔して、医学の道に入った。この年齢は人生の最初の曲り角で若者の心が揺れる時である。いつの世にもそこにその時代の教育が如実に反映される。

そのことを考えるにあたり、一人の適塾生の教育観を紹介する。箕作秋坪ははじめ菊池秋坪といって、津山から出てきて適塾に入った俊秀であった。適塾を出てから、津山藩士の箕作麟祥の養子となって、蕃書調所に勤務した。その頃、恩師緒方洪庵の畢生の労作『扶氏経験遺訓』の刊行に当り、洪庵との間に度々手紙を交換してその出版を助けている。

明治になって、福澤諭吉らと明六社を結成し、日本の文明開化に貢献する。特に教育界に身を投じ、明治元年（一八六八）に三叉学舎という高い水準の英学塾を開いて子弟の教育に力を注いでいる。後には現在の筑波大学の前身に当る東京師範学校摂理となり、わが国の教育問題に深く思いを致した人であった。

現代の教育を考える場合に参考になる秋坪の教育談が『明六雑誌』第八号（明治七年五月刊）に出ている。現在児童の教育を考える場合に参考になる大切なことを述べているので、長くなるが、まずその全文を挙げる。

人ノ幼稚ナル時、意ヲ加ヘテ之ヲ保護セザレバ必ズ死ス。心ヲ用ヒテ之ヲ教育セザレバ、長ズルニ及テ必ズ頑、必ズ愚ニシテ、蛮夷ノ間ト雖モ、共ニ立可ラザルニ至ル。是最モ知リ易キノ理ナリ。而シテ其ノ之ヲ保護スルガ如キハ、天然ノ至情アリテ、知愚貧富ノ別ナク皆意ヲ加ヘザル無キモ、其之ヲ教育スルノ一事ニ至リテハ之ヲ度外ニ置キ、顧ミザル者亦少カラズ。実ニ怪ム可ク、嘆ズベキニ非ズヤ。夫小児ノ生レテ二三歳ヨリ六七歳ニ至ルマデ、其質タル純然無雑、白玉ノ瑕無キガ如ク、其脳中清潔ニシテ些ノ汚点ナシ。故ニ其耳目ニ触ル、所ノ者、善トナク悪トナク、深ク脳ニ印象シテ、終身消滅スルコトナシ。是以テ其性情ヲ薫陶シ、品行ヲ養成スル、此時ヲ以テ最上ノ期トス。其教導ノ方、宜キヲ得レバ善且知、其方ヲ誤レバ頑且愚トナルナリ。此感覚鋭敏ノ時ニ当リ染習セシ者ハ、長ズルニ及デ、之ヲ改ント欲スルモ得可ラザル、猶樹木ノ稚嫩ナル時、之ヲ撓屈スレバ、長ズルニ及デ、終ニ之ヲ直クス可ラザルガ如シ。終身善悪智慧ノ岐ル、所此ニアリ、豈意ヲ留メザル可ンヤ。夫欧米諸国ノ若キ、人民ヲ教育スル、諸般ノ学校ヲ設ケ、諸般ノ方法ヲ立ル、固ヨリ周密備ハラザルナシ。而シテ近来文化益進ムニ従ヒ、自家ニ於テ子女ヲ教育スル、遥ニ学校ニ勝レリトノ説益盛ナリ。其説ニ曰ク、一家ハ猶一国ノ如シ。其ノ子女ヲ教育スル、天道人理ニ於テ固リ父母ノ任タル者ハ、其児ノ幼稚ニシテ感得ノ力最モ盛ナル時ニ当リ、之ヲ訓ユル、造次モ必ズ是ニ於テシ、顛沛モ必ズ是ニ於テスルヲ得、且其教ヘントスル所ヲ教ヘ、其ノ伝ント欲スル所ヲ伝ヘ、父厳母慈並ビ行レ、外人ノ之ヲ擾乱シ、之ヲ誘惑スルノ害ナシ。家ヲ離ル、トキハ、其教則風習佳ナルノ地ト雖モ、擾乱誘惑ノ害ナキ能ハズ。且良師良友ト雖モ、其情其父母ノ訓育トハ自ラ径庭アリ。故ニ小児ヲ教育スル自家ヲ以テ最良ノ学校トシ、父母ヲ以テ第一ノ師ト為スベシト。然レドモ是中人以上、家道稍豊富ナル者ニ就テ其理ヲ述ルナリ。何トナレバ、文明ノ国ト雖モ、父母タル者、家ニ於テ十分ニ能ク其子女ヲ訓スル者稀ナリ。況ヤ文明ナラザル国ニ於テヲヤ。偶之アルモ自家ノ事業ニ逐レ、職務ノ為メニ妨ゲラル。故ニ児ノ訓育ヲ他人ニ託スル、固リ止ムヲ得ザルニ出ヅ。然ルニ、方今世間ノ情勢ヲ察スルニ、父母タル者其児ヲ他人ニ委託スルヲ以テ当然ノ事トナシ、小児ヲ教育スルハ、其親タル者ノ本分タルコトヲ知ラザル者ニ似タリ。故ニ其家ニアルヤ、更ニ父母ノ之ヲ訓育スルナク、富家ニ在テハ只無智盲昧ノ婢僕ニ接シ、驕奢傲慢ノ風ニ慣ヒ、貧家ニ在テハ頑童黠児ニ交リ、拙劣汚行ヲ学ビ、終日為ス所悉ク有害無益ノコトノミ。豈ニ頑愚無智トナラザルヲ得ンヤ。然ルニ其親タル者、已ニ其職ヲ尽シ之ヲ訓ル能ハズ。其児ノ成長スルニ従ヒ、不良不知ナルニ至リテハ、其罪反テ己ニ在ルヲ知ラズ、妄ニ之ヲ譴責シ、甚シキハ師友ヲ恨ムルノ輩少カラズ。迷ヘルノ甚シキニ非ズヤ。然ドモ是亦深ク咎ム可ラザル者アリ、何ゾヤ、蓋シ今ノ父母タル者亦其父母ヨリ教育ヲ受ケシコトナシ。故ニ其児ヲ教育スル、何者タルヲ知ラザレバナリ。然ラバ則何如シテ可ナラン。曰ク。此病根已ニ深ク骨髄ニ透入シ、之ヲ除カント欲スルモ、固リ一朝一夕ノ能ク及ブ所ニ非ラザルハ論ナシ。故ニ我輩決シテ今俄ニ父母タル者ヲシテ十分其児ヲ教育センコトヲ責ムルニ非ズ。

只父母タル者其児ヲ教育スルハ我職タルヲ知リ、心ヲ留テ其力ノ及ブタケヲ施サバ、其児亦其子ヲ教育スルノ己ガ職タルヲ知リ、終ニ一家風ヲ成シ、一郷俗ヲ成スニ至ランコトヲ希望ス。且更ニ深ク望ム所ハ、今ヨリ盛ニ女学ヲ起シ、力ヲ尽シテ女子ヲ教育シ、其母タルニ及ンデ、其児ヲ教育スルノ緊急タルヲ知ラシムルニ在ルノミ。拿破崙《ナポレオン》第一世或時、有名ノ女先生カムペンニ謂テ曰、旧来ノ教育法ハ殆ド其貴重スベキ者ニ似タリ。然シテ人民ヲ善ク訓導スル為ニ欠ク所ノ者何ゾヤ。カムペン答テ曰、母ナリ。帝大ニ驚テ曰ク、嗚呼実ニ然リ、此一語以テ教育ノ法則トナスニ足レリト。旨アル哉言ヤ。

これを要約すると、人は幼稚なる時によい教育を受けないと長じて必ず頑愚となる。小児の二、三歳から六、七歳までの間が純心無垢であるので、この時に教育を施すのが最もよい。樹木でも若木の時に曲げれば成長しても真直ぐにはならない。教育は学校よりも自家で行うのが優っている。しかし現実には父母の職業上この教育を他人委かせにするのは止むを得ないとしても、親たる者、それを当然のこととして本分を忘れてしまっている。しかしその親もその父母から教育を受けていなかったから、この病根は骨髄に達していて一朝一夕に治るものではない。ただ、父母たる者、教育が自分の職であることをもう一度自覚してほしい。それには女子教育が大切で、ナポレオンの逸話にも人民を善導するに欠くことができないのは母であるということが教育の法則であると悟ったという。

このように箕作秋坪は、教育の要諦は一には幼児教育、二には家庭教育、三には女子教育にありと強調した。これらは今日の教育問題にそのままあてはまる。これは明治のはじめのことであったが、この秋坪の言をその後の日本の人々がもっと真剣に取り上げていたら、今の状況はこれほどまでには至らなかっただろうにと思われる。しかし、今からでも遅くはない。子を持つ親はこの秋坪の言を是非読んで、噛み締めてほしいものだと思う。

五　門下生と日本の近代化

（一）洪庵と専斎の造語

洪庵と医学用語

緒方洪庵の著『病学通論』巻之二の最初のところをまず読んでみる（図17）。

疾病

凡ソ人身諸器ノ形質欠ル所ナク、気血ノ循環滞ル所ナク運営常ヲ衛ル者ヲ〔健康〕ゲソンドヘイトトシ其常ヲ変スル者ヲ〔疾病〕シーキテ　トス。

現在我々は毎日のように健康、健康といっているが、実はこの「健康」という日本語を作ったのは緒方洪庵であった。このことは余り知られていない。その前にはまだ健康という日本語は使われていなかった。たとえば貝原益軒の『養生訓』にも健康の語は出てこない。

病學通論巻之二
足守　緒方章公裁　譯述
疾病總論第一
疾病
凡ソ人身諸器形質缺ル所ナク氣血循環滯ル所ナク運營常ヲ衛ル者ヲ健康《ゲソンドヘイド》トシ其常ヲ變スル者ヲ疾病《シーキテ》トス
氣血諸器完備メ運營毫モ過不及スル所無キ者ハ固リ十全健康《ヲルコーメ子ゲソンドヘイド》ナリ然圧方今民風遊惰ニ失シ智巧ニ耽リ神思ヲ勞シ賦性ヲ

図17 『病学通論』巻之二

嘉永二年己酉初夏新雕
洪菴緒方先生譯本
病學通論
適適齋藏　青藜閣發兌

図16 『病学通論』

「健康」とは実に良い言葉を洪庵は作ってくれた。改めて読んでみると、健やかで康らかとは実に味わい深い語である。「常ヲ衛ル」すなわち身体の恒常性を保つことこそ健やかであると、洪庵は言いたかったのであろう。言葉だけではなく、そのような考え方はそれまではあまり意識されてはいなかった。これはオランダ語の Gezondheit の訳である。洪庵はゲソントヘイトと発音を付しているが、ゲはケでもないゲでもないその中間の音で、オランダ語独特のGの発音を表わしたものである。

『病学通論』は嘉永二年（一八四九）の刊行である。しかし洪庵はこの書の執筆には一〇年以上も前から準備をかさねている。天保八年（一八三七）頃に書いた稿本「遠西原病約論」に既にこの「健康」の語を使っている。実は同じ頃、高野長英が著わした「漢洋内景説」にも健康の語が出てくるが、長英の場合は、洪庵のように、その概念をしっかり規定した上での使用ではなく、いわば偶然に使われたものと思われ、やはり「健康」の語は洪庵の造語と考えてよいようである。

しかしこの新語の「健康」は医学専門書の『病学通論』に現われただけでは今日のように汎用されるには至らなかったであろう。明治になって、洪庵の弟子の福澤諭吉が『西洋事情』のようなベストセラーで「健康」の語を随所に使ったことがその普及に貢献したと思われる。

『病学通論』で「健康」の次に出てくる「疾病」も今日よく使われるが、これもオランダ語のZiekteの訳である。洪庵は「疾病」とは「健康」すなわち恒常性を変じるものであると捉えている。そのような意識でこの「疾病」を使ったのは洪庵が最初かと思われるが「疾病」の語はその前に、洪庵の師の宇田川榛斎の『和蘭内景 医範提綱』文化二年（一八〇五）に既に出てくる。このように西洋医学をわが国に導入するには、まずオランダ語に日本語を割り当てなければならなかった。それに相当する概念が日本語にない場合には意味を考えて新しく創作しなければならなった。そこに洪庵ら蘭学者の人知れぬ苦心があった。そのことを知らないで現在の我々はその恩恵に浴している。

その目で『病学通論』を見直してみると、現代日常的に使われている語が多く出てくるのに気付く。順番に挙げて行くと、巻之一には「滋養」「張力」「重力」「引力」「資生」「化成」「抗抵（抵抗）力」「脳髄」「感動」「精神」「不随意」「神経節」が目につく。これらすべてが果たして洪庵の造語であったかどうかは、洪庵の前後の使用例を精査した上でないと断言はできないが、このうちかなりの数の語は洪庵が創作したものである可能性が大きいと思う。「引力」はあのニュートンの引力であるが、これを日本に最初に紹介したのは志筑忠雄で、彼はこれに「求力」の語を当てている。洪庵の師匠の中天游がその後すぐに「引律」という書を表わして、引力の法則を紹介した時、始めて「引力」「重力」の語を使った。洪庵はこの師の天游に従って「引力」「重力」を普及させたといえる。

巻之二には前に挙げた「健康」「疾病」の他に「化膿」「伝染」「強壮薬」「特効薬」「寛解」「麻酔」「鎮痙薬」「精神錯乱」「交感神経」「尿閉」などが出てくる。「強壮薬」「特効薬」などは最近の言葉かと思われているかもしれないが、洪庵がすでに使っていたのである。その他の言葉はすべて今日の医学用語として長い命を保っている。

巻之三に目を移すと、「栄養」「合併病」「経過」「進退」「慢（性）病」「治癒」「自然良能」「重病」「悪性病」「不治病」「死病」「遺伝病」「先天病」「後天病」「流行病」「伝染病」などが出てくる。もちろんこれら以外に今日もう使われなくなっている多くの医学用語が散見する。上に挙げた用語が果たして洪庵の造語か否かは、よく調べた上でないと確実なことは言えないが、洪庵の時代からこれらが使われていて現代の我々の生活に大きな影響を与えていることを知るだけでも意義があると思う。

衛生の語源

次に洪庵の医学上での一番の弟子の長与専斎が、これも今日よく使われている「衛生」の語を明治七年（一八七四）頃に創作したといわれている。洪庵の時代と違って専斎の明治時代はドイツ医学であるから、ドイツ語の Gesundheitsplege に「衛生」という語を充てた。洪庵の「健康」のところに書いてあるように「運営常ヲ衛ル者」という語が専斎の頭の中にあってその「衛ル」をもらって、生を衛る、すなわち「衛生」としたのであろうと思う。専斎はその著書『松香私志』の中で、この語を用い始めた時の事情を次のように自ら語っている。

英米視察中、医師制度の調査に際し、サニタリー（sanitary）云々、ヘルス（health）云々の語は屢々耳聞する所にして、別林（ベルリン）に来てよりもゲズントハイツプレーゲ（Gesundheitspflege）等の語は幾度となく問答の間に現はれたりしが、初の程は只字義の侭に解し去りて深くも心に留めざりしに、漸く調査の歩も進むに従ひ、単に健康保護といへる単純なる意味にあらさることに心付き、次第に疑義を加へ、漸く穿鑿するに及ひて、此に国民一般の健康保護を担当する特種の行政組織あることを発見しぬ。（中略）この健康保護の事に至りては、東洋には尚ほ其の名称さへもなく、全く創新の事業なれば、その経営洵に容易のわざにはあらす。（中略）明治六年文部省中に医務局を置き、余は其の局長にに任せられ、医制取調を命せられぬ。これぞ本邦衛生事業の発端なる。（中略）八年、事務を内務省に移さるゝに及び、改めて衛生局と称し（云々）、爰に一言しおくへきは局名改称の事なり。（中略）嚮に医制を起草せし折、原語を直訳して健康若くは保護なとの文字を用いんとせしも、露骨にして面白からす、別に妥当なる語はあらぬかと思めくらしゝに、風と（ふと）荘子の庚桑楚編に衛生といへる言あるを憶ひつき、本書の意味とは較々異なれとも、字面高雅にして、呼声もあしからずとて、ついにこれを健康保護の事務に適用したりけれは、こたひ改めて本局の名に充てられん事を申出で、衛生局の称は茲に始めて定まりぬ。

と述べている。

これによれば専斎は明治五年（一八七二）の欧州視察旅行の時からGesundheitspflegeに当る日本語を考えあぐねていたが、明治八年（一八七五）に設置された衛生局の名にはじめて「衛生」の名を考えついて用いたと言っている。

しかし「衛生」の語は貝原益軒が宝永七年（一七一〇）に用いている例がある。また書名としては洪庵の息、緒方惟準が明治五年（一八七二）に刊行した『衛生新論』の題名に「衛生」を用いている。これを専斎は知らないはずがない。用いた意味が少し違うということで、ドイツ語のGesundheitspflegeの訳としての日本語の「衛生」は専斎の造語と考えてもよいかもしれないが、やはり専斎は惟準の語を借用したと見るのが妥当であろう。いずれにしても現在用いられている意味の「衛生」の語は適塾一門の合作といってよかろう。

専斎は明治時代のわが国の医学行政、薬学行政を樹立した人で、長くその中心的役割を果たした。明治のはじめには医薬の検査所を司薬場と称していたのが、これが専斎の「衛生」の名を取って衛生試験所と呼ぶようになった。専斎は「衛生」という言葉をまず作って、それまで知らない衛生という思想を人々に植えつけようとしたのである。

このように、医学上の言葉の上からも、もう一度適塾を見直してみてもよいのではないかと思い、未確定の話も交えて話題を提供した。

（二）緒方郁蔵の人物像

洪庵にその学力を嘱望されて、その義弟となった郁蔵の人物については、梅溪昇『洪庵・適塾の研究』の中の「緒方洪庵の義弟・緒方郁蔵について」にまことによくまとめられていて、言い尽くされた感がある。それにもかかわらず、この『適塾の謎』で郁蔵に触れるのは、郁蔵について私にはまだよく分からない部分があるからである。

まずは梅溪氏の著作の復習になるが、伝えられている郁蔵の人物像をその代表的な伝記阪谷朗盧の「研堂緒方先生碑」と「独笑軒記」の文章からの再現を試みる。

前者の碑文の中の一節に、

先生性沈静徐緩、終日黙然、人以為愚、独至読書診病、則穎敏精確、出於天資、而又尋思推究、自弗措焉、少時嘗静坐看書、鼠以為木偶、狎遊左右、其在洪翁塾、同舎生肉薄激論、或起舞頓足、而先生則凝然対書、如在空室中、一夜街間失火、飛焔爍屋、衆狼狽奔走、先生兀坐対書、寂然不動、至火熄始知有災、平生所好、唯書与酒、独酌独誦、終日欣然忘倦。

とある。終日黙然と静坐して読書に没頭して、鼠が木偶と間違えて、その左右で遊んでいるのも意に介しなかったという有名な話である。またある夜、近くで火事があり、皆走りまわっている中で、郁蔵一人静かに読書を続けていて、火事がおさまって始めて知ったという。多少の誇張はあるにしても、郁蔵の性格と周囲の評判がよくわかる。

独笑軒は郁蔵の号で、その名の由来が「独笑軒記」に書かれている。

蜀志称、譙允南家貧、未嘗問産業、誦読典籍、欣然独笑、以忘寝食、是豈無所味、而能然乎哉、如少博士緒方君、其亦然者乎、君為人沈黙恬静、好読書、不留意於人事、其為書生、同学之徒、議論沸騰、扼腕撃案、大呼叱咤、筆墨皆翻倒、而君従容対書独笑、如山中枯坐之人、蓋亦与允南同其趣矣。

昔、蜀の国に譙允南という貧しい家の者がいて寝食を忘れて、独り笑って読書に熱中していたという。郁蔵もそれと同じで、黙って静かに読書するを好み、傍の者が議論沸騰して、腕をつかんだり、机を打ったり、大声で叫んで、筆や墨がひっくりかえるような騒ぎになっても従容として、書に対して独り笑うことを止めない姿は、山中に坐っているが如くであった。それは允南の故事に通じるところがあるという意味で、それから独笑軒の名が由来した。

洪庵が西洋医学をわが国に導入するに当って畢生の努力を注いだ翻訳書『扶氏経験遺訓』は「緒方章公裁　義弟郁子文　同譯」となっている。章公裁は洪庵で、郁子文は郁蔵である。両人の共訳ということであるが、岡千仭は「在臆話記」の中で、それはもっぱら郁蔵の手に成るものであるとまで言い切っている。洪庵は郁蔵の才能を愛し、いつまでも自分の傍に留めて置きたかったために、郁蔵を義兄弟にしたと思われる。

そのように学問の実力があり、評判の良い郁蔵についてのその後の経歴について、いくつか気になることがある。洪庵が江戸へ降った後の適塾は郁蔵でなくて、養子の拙斎が継いでいる。適塾の北塾に対して南塾と呼ばれた独笑軒塾を開いた郁蔵が本家の適塾を継いでもよさそうに思うがそうはならなかった。また嘉永二年(一八四九)に牛痘が入ってきて、洪庵が大坂に除痘館を創設し、はじめ一二名さらに六名が加わって一八名の同志と社中を結成してその経営に当った。その中に当然ながら郁蔵も入っていた。ところがその後数年にして、五名が退社している。その理由は「除痘館記録」によると、「或は其煩労に堪へさるを厭ふ、或は其自家の本業に妨けあるを患ひて」五人が退社したと述べられている。この中に郁蔵がいるのである。郁蔵は除痘館の開設された翌嘉永三年(一八五〇)には『散花錦嚢』という種痘書を適々斎蔵版として出版しているくらいであるから、この除痘館事業の中心人物であるはずである。その退社の理由は何であったか、「除痘館記録」に書かれている上の理由では納得いかない。

これより数年後になるが、安政六年(一八五九)九月二〇日に洪庵が江戸の箕作秋坪に出した手紙に次のように郁蔵のことが書かれている。「郁蔵事毎々御尋被下奉謝候。是も近比大ニ快方ニ相成り、此頃再勤病用始メ申候。乍憚御省慮可被下候」とある。病用を休まねばならない程のかなり長い病気であったようにとれる。同じ年の一二月一四日付の伊藤慎蔵が藤野升八郎に宛てた手紙には、「郁蔵君発狂ハ此節余程快方にて、亦々久宝寺町へ開業仕居申候」と伝えている。あるいはそれが除痘館を退いた理由であるかもしれないと思われてくる。以上のことは、梅溪昇「緒方洪庵の義弟・緒方郁蔵について」『洪庵・適塾の研究』と、古西義麿「緒方郁蔵と独笑軒塾」『日本洋学史の研究Ⅵ』を参考にさせていただいた。

これも梅溪氏の論説の中に出てくる話であるが、「研堂緒方郁蔵先生」に、郁蔵はその破れた着物や擦り切れた履物を人がそしるのを少しも恥じることがなかったので、八重夫人が心配して、年末に新年用に黒羽二重の紋服と羽織を新調して郁蔵に与えた。郁蔵は大いに喜んで正月を過ぎてもずっとそれを着ていて、そのまま横になって寝るという始末でその無頓着ぶりには八重夫人もあきれたということである。

それほど八重は郁蔵のことを身内の者として気を配っていたはずであるのに、「弟子の破門」のところで述べたように、橋本左内が　笠原白翁への手紙に「(飯田) 柔平退塾の義、実ハ緒方家令内と不和ニて万事不随意候故之事に御座候。先年郁蔵別家仕候も同断之事と被察候」と書いている。洪庵は天保九年（一八三八）に瓦町に適塾を開いた直後に最初に弟子入りしたのは郁蔵で、弘化元年（一八四四）、適塾が瓦町から過書町へ移る前年に独立して独笑軒塾を開いたのは、増えてきた適塾生を分散する意味もあり、いわば適塾の分塾を作って独立したと考えられてきた。事実そのような状況もあったであろうが、八重夫人との不和で郁蔵が塾を出なければならない事情が別にあったのではなかろうか。あんなに郁蔵のことを心配してくれた八重夫人となぜ不和になったか気になることであるが、これにも解答はない。というわけで、郁蔵の人物像には不明の点が残る。

（三） 緒方惟準の退役問題

惟準の退役

明治二年（一八六九）大阪医学校ができた時、オランダ人ボードウィンが教頭に迎えられ緒方洪庵の嫡男惟準《これよし》がその校長となっている。その教官には多くの適塾門下生が当っている。彼らにとっては惟準は恩師の息子であるし、学力もあり皆から嘱望された医学者であった。惟準は明治三年（一八七〇）には大阪にできた軍事病院の病院長にもなっている。その後東京に出て陸軍軍医の道を歩み、明治一一年（一八七八）から一四年（一八八一）には大阪鎮台の病院長になっている。明治一七年（一八八四）には再び東京に出て、軍医監となっている。当時の陸軍軍医の組織は一番上の軍医総監、軍医本部長に、西洋医学所で洪庵の後任の頭取になった松本良順がいて、その下の軍医監に惟準と石黒忠悳《ただのり》がいた。この三人が陸軍の軍医組織を牛耳っていた。

図18　緒方惟準

問題は明治二〇年（一八八七）に起った。この年突然に惟準が退役して大阪へ引き上げてきた。おそらくそのまま続ければ、松本良順の後を継ぎ、軍医本部長になっていたに違いない。大阪へ帰ってきた惟準は今橋四丁目に緒方病院を開設する。惟準がなぜ官を捨てて大阪へ帰ってこなければならなかったか。その謎を考えてみたい。

私は洪庵子孫の緒方正美氏に念のために聞いてみたことがある。氏はやはりこれは石黒忠悳と意見が合わないで、それで辞職して帰ってきたのだと明言された。このことは他のいろいろな資料からも間違いないと思われる。当時惟準は東京の近衛師団の病院長でもあって、この近衛師団兵に麦飯をたべさせた。当時の日本では脚気病が非常に蔓延していて、多くの兵士がそれで死んで行った。それを救うために病院長の惟準が兵食に麦飯を混ぜたということで軍医団の首脳部の松本良順や石黒忠悳と意見が合わず衝突した。

脚気と麦飯

ここで当時の脚気病のことを説明しておかなければならない。江戸時代の日本には脚気は少なかった。江戸時代末期になって、急に脚気が国民病になってきた。将軍家定、家茂が相次いで亡くなったのも脚気病のためであった。明治天皇も一旦脚気に罹られたが、これを自力で治しておられる。明治になってこれが一般大衆にも広くひろがったので、脚気病の原因は一体何であろうかと非常に大きな問題になってきた。当時ドイツではじめて細菌が見つかり、コレラ、結核、チフス等の流行病はすべて細菌病であることがわかり、その細菌説が医学界の大きな流れとなっていた。その細菌の発見者のベルリン大学のコッホ博士を日本に招き、脚気病はやはり細菌病であるとのお墨付きをもらったのである。その後、臨時脚気病調査会が発足し、東京大学医学部、軍医組織を挙げて、脚気細菌病説を裏付けようとする。

そのような学界の空気の中で、脚気が麦飯で治るとは言えたものではない。ところが明治一七年（一八八四）頃から、海軍で注目すべきことが起った。この年龍驤という軍艦が品川から遠洋航海に出て、太平洋を一周して帰って来た。この航海で三七一名の乗組員中、一二五名の脚気による死者が出た。事態を重く見たその時の海軍軍医の高木兼寛はこれは軍艦の食事が原因ではないかと推測した。船は閉じられた系で、皆同じものを食べているから、食事の問題である可能性が大きいと見抜いて、翌年同じ大きさの軍艦筑波に同じコースを航海させて、兵食を米からパンに切り換えた実験を行った。そうすると、今度は見事に脚気患者が出なかった。理由はわからないけれども、これで脚気病を逃れることができるというので、以後海軍の兵食は米からパンに切り替わった。

ところが陸軍は米にこだわり続けて、明治二七年（一八九四）の日清戦争では白米を送り続けた戦地で戦死者四五三名に対して、脚気病患者四七、五八六名、その死者二、四一〇名を出すに至った。つまり戦死者の五倍以上が脚気で死んでいるのである。このことは当時は秘密で、第二次大戦が終るまでその実態がわからなかった。次の明治三七年（一九〇四）の日露戦争の時には何と二五万人の脚気患者が出て、その死者は二七、八〇〇人を数え、おそらく二〇三高地の戦いの死者を上まわったのではないかと思われる。

話は明治一七年（一八八四）にもどって、海軍が龍驤で脚気患者を出していた頃、大阪陸軍病院長であった堀内利国も兵士の健康に責任を持つ立場で、脚気が麦飯で治るはずがないという一般常識を持っていた。しかし毎年夏に第八連隊だけで五～六〇〇名の患者が発生する事態を何とかしなければならないと苦慮していた。そこへ神戸の監獄の情報が聞こえてきた。当時一般の人々は白米を常食としていて、国を守る兵士はそれ以上に白米を沢山摂らせないといけないという思想が大勢を占め、逆に監獄の囚人には米を与えるのは勿体ないというので、麦六分に米四分の食事を与えていた。これは神戸に限らず、全国の監獄でそのように決められていた。

堀内利国が聞いたところでは神戸の監獄では一人も脚気が出ていないという。利国は直ちに大阪、三重、滋賀、和歌山、岡山の監獄について調べたところ、何処でも同じようにほとんど脚気患者が出ていないという事実を知った。これは麦飯が脚気を防いだのだなと直感した利国は、師団長に兵食に麦を加えることを建議したが容れられなかった。しかしどうしても諦められず、参謀長、連隊長を説得して同意を得て、明治一七年から、第八連隊の歩兵の兵食に麦飯を支給することに決した。一寸遠慮して麦四分、米六分の割合にした。その結果第八連隊の脚気は一度に減少した。

明治二〇年（一八八七）に明治天皇が大阪に来られた時、堀内利国は脚気に対する麦飯の効果を明治天皇に報告した。実は明治天皇も明治のはじめに自分が脚気に罹った時、漢方医の遠田澄庵の勧めを容れて麦飯を摂ることを周囲に諮ったが、取り巻く医師団は皆西洋医であったので、それに反対されて、みずからの意思でそれを断行して脚気を克服したという経験を持っておられた。それで利国の話にわが意を得たりと、耳を傾けられたという。これは明治二〇年で、前に述べた日清、日露の戦争の前である。

私はその時の堀内利国の言葉に感心している。

我ひそかに思う。麦飯の脚気予防に効あるのは、けだし滋養成分のみにあらずして、特異の成分あるも知るべからず。これ現今未だ発見する能わずといえども、将来探索すべき一事なり。恐らくは草沢の中に珠玉なきを保し難し。

つまりに麦飯の中に、草の中に隠れているような珠玉が見つかるかも知れないと言っているが、この予想は的中していた。麦ではないが米糠中にビタミンB_1が発見されたのは二十数年後の明治四二年（一九〇九）であった。医学界を挙げて、脚気病菌を探していた時代に、ものを素直に観るところから、大方の常識に反した科学的真実に迫ろうとした心の持主の堀内利国は偉かったと思う。

堀内利国は実は緒方洪庵の五女九重の夫であった。つまり惟準とは義兄弟であった。弟の利国が脚気撲滅でこの様な成果を挙げた話は当然兄の惟準の耳に入る。それで惟準は自分の配下の近衛師団で同じ麦飯を実施する。その前の明治一六年（一八八三）の近衛師団では一、七四四人の脚気患者が出て、明治一七年（一八八四）には一、七九八人となった。この年に利国が大阪で麦飯を使用し始めている。東京の近衛師団では翌一八年（一八八五）も一、一三八人の患者が出ている。そこで惟準は明治一九年（一八八六）に思い切って麦飯の兵食を断行する。結果は麦飯実施後、近衛師団の脚気患者は一挙に一二〇名に激減し、見事な成果が上がった。惟準が麦飯を採用することについてははじめから石黒忠悳との間で烈しい対立があって、松本良順がこの忠悳を支持したといわれている。そのことで惟準は良順や忠悳に徹底的にいじめられ、詰腹を切らされて、ついに辞職に追い込まれたというのがどうも真相であるらしい。巷間に「麦飯を軍隊に用いたおとがめだ」とささやかれていた。矢島十三郎が書いた「麦飯爺」という堀内利国の伝記の中に「緒方先生は東京に居たので周囲の反対者から論議せらるるを頗る煩なりとして遂に辞職して大阪に帰郷した」と書かれているのでこの推測に大体間違いないと思う。

明治二〇年（一八八七）二月に惟準は退職した。その後、近衛師団ではすぐに米飯が復活して、この年の脚気患者数は四四〇名に再び上昇している。

ビタミンB_1の発見

脚気病因論争に関してはこの後が実はまだ大変であった。森鴎外は私が青年時代から尊敬していた明治を代表する日本の知識人であるが、このことに関しては非常に残念ながら軍医鴎外は東京大学の青山胤通と共に麦飯論に猛然と反対する。そして前述のように臨時脚気病調査会を開いてその正当性を守ろうとする。その時、明治天皇はなぜそのようなことをするのか、明治二〇年に大阪で聴いた堀内利国の話で、麦飯がよいことはわかっているではないか、今更なぜそのような調査会を開く必要があるのかと言われたそうである。

脚気は脚気菌による病気であるという固定観念にとらわれて幻の細菌を探索する調査会であったが、もちろん結果は何も出てこない。しかしいろいろな意味でこのことは反面教師になる。人間集団の固定観念は牢固として抜き難い。鴎外のような賢い人でもこの陥穽から脱せられない。当時の東京大学医学部と陸軍軍医団の中にあってこの観念を打ち破ることは容易でない。脚気病の真の原因の解明は同じ東京大学の農学部において行われた。当時の農学部は駒場にあって、本郷の医学部とは場所も離れていたし、学問の系譜や雰囲気が違っていた。農学部では古在由直という先生が偉かった。その勧めによって弟子の鈴木梅太郎は脚気は米に何か菌や毒があるから発症するのではなく、何か欠落するものがあるから病気になるという思想に基づいて探索を進めた。堀内利国と同じ考えである。地球がじっとしていて太陽が動くか、太陽のまわりを地球が動くのかという逆転の発想は、時代の思潮に抗してはなかなか受けいれられない。

明治四二年（一九〇九）に鈴木梅太郎は遂に米糠から、それがないと脚気に罹るという成分を取り出して、米の学名 *Oryzae sativa* からこれをオリザニンと名付けた。翌年イギリスのフンクが同じものを取り出してビタミンと名付けた。このビタミンという名がよかったので、残念ながらオリザニンの名は消えることになった。この後、このビタミンB_1を結晶化させ、構造を決め、合成したのは皆外国人の仕事となった。ビタミンでノーベル賞をもらったのは最初にこの事実を予測したオランダ人のアイクマンであった。

私は緒方洪庵の息子たちの堀内利国と緒方惟準が当時の科学上の難問に正しく立ち向かった事実に

拍手を送りたいと思う。これが緒方惟準の退役問題であった。

（四）高峰譲吉、薩摩屋半兵衛は適塾生か

高峰譲吉の場合

適塾の入門帳「適々斎塾姓名録」には六三六名が記名されている。これは天保一五年（一八四四）の年初から書き始められているが、適塾は天保九年（一八三八）から開塾されているので、その間の入門者は後から追加記名している者もあるが、洩れている者もある。その後の入門者も厳密に署名されているとは限らないし、通学生もいたし、適塾に来なくても洪庵に教えを乞うたものもいる。どこまでを門下生として取り扱うかは問題であるが、私の門下生調査でも「姓名録」に未記名の塾生の数は約百名にのぼる。

その中で、本当に適塾生であったかどうかの話題として、二人の人物を取り上げてみる。その一人は高峰譲吉である。明治三年（一八七〇）に今の法円坂二丁目の地に開設された大阪医学校に加賀から出てきて入学した一六歳の高峰譲吉がいた。譲吉はその時、近くの大手前に開校されていた化学の学校、舎密局《せいみきょく》の講義を聴講するうちに、志向を医学から化学に転向して、後に東京に出て今の東京大学工学部の前身になる工部省工学寮に学んで化学者になる。さらに英国に留学して応用化学を専攻し、明治二一年（一八八八）には米国に移住して、シカゴに高峰ファーメント（酵素）会社、ついで

ニューヨークに高峰化学研究所を設立する。

その高峰が一九〇〇年七月二一日に世界で最初に副腎ホルモンのアドレナリンを純粋に結晶として取り出すことに成功した。ホルモン結晶化の第一号であるからノーベル賞に価する成果である。一九〇〇年というと明治三三年であるから、日本人が科学研究の上で世界的レベルでのトップ級の業績を挙げた最初といえる。

高峰譲吉の履歴について、多くの文献に「大阪の緒方塾に通っていた」、あるいは「緒方塾に入り」と書かれている。昭和六〇年頃の朝日新聞には「若き高峰譲吉らの写真見つかる」の見出しで明治二年三月の写真（図19）が載っていて「緒方塾で学んでいた当時の神田乃武、緒方惟直、高峰譲吉」と注がついている。

図19　緒方塾時代の高峰譲吉（右端）
左端は神田乃武、中央は緒方惟直

これらの情報の出所はどうやら高峰譲吉自身の回顧談に基づいているらしい。『大阪医学会雑誌』第一巻第一〇号（明治三五年五月一一日発行）に、高峰譲吉君講演　山田都一郎速記「自家発見タカヂアスターゼ及アドレナリンニ就テ」と題して、同年四月二〇日に大阪医学会例会においての講演記録が載っている。その一節に次のように譲吉が語っている。

明治初年ノ頃、確カ明治二、三年テアリマシタカ、余程旧イカラ忘レルクラヒテゴザリマス。ソノ時分昔カラ当地ニオ在テニナリマスル緒方洪庵先生ノ塾ニ居リマシタ。即チ只今緒方病院ニ居ラレマスル緒方収二郎サント、御一緒ニ御厄介ニナッタコトモアリマスル。夫レカラ大阪ニ医学校ト云フモノガ興リマシタカ、私ノ先代カ二代医者テアリマシタカラ、私モ亦其業ヲ襲ヒテヤル存念テアリマシテ、其後医学校へ通学イタシテ居リマシタ。

このように本人が「緒方先生ノ塾ニ居リマシタ」と言っている。洪庵は文久三年（一八六三）に亡くなっていて、譲吉の大阪に来た明治二、三年（一八六九、一八七〇）にはもちろん存命していない。洪庵が文久二年（一八六二）に江戸に下った後、適塾は養子拙斎によって継がれていたが、これがいつまで続いていたかがよくわからない。「姓名録」の記名は元治元年（一八六四）七月で終っている。

平成二年（一九九〇）に緒方家で発見された「明治期適々斎塾門人帳」にはA、B二帳があり、それぞれ大阪、東京において明治期も適塾が、緒方拙斎、または惟準により経営されていたことを示している。そのA帳、大阪の部は明治二年（一八六九）に二名の入塾者の名を記録しているが、譲吉の名はない。「緒方収二郎サント御一緒ニ御厄介ニナッタ」と言っていることから、その場所は現在の適塾の位置と考えられる。洪庵夫人八重の実家である億川家に所蔵されていた資料の中に、八重の甥に当たる億川三郎の書き残した「浪花緒方塾ニての入用等諸記録」が最近になって見つかった（『適塾』第三七号、平成一六年、一七一頁拙稿参照）。それによって明治二年（一八六九）の時点で適塾は緒方塾と称して緒方拙斎によって存続されていたことが明らかになった。これが譲吉の居た緒方塾に当ると思われる。

薩摩屋半兵衛の場合

もう一人の薩摩屋半兵衛という人物は江戸堀に住していた薩摩藩出入りの商人である。明治三年（一八七〇）大阪に来て医学校の教頭となるオランダ人医学者ボードウィンは、中寺町の法性寺《ほっしょうじ》を宿舎としていた。平成一二年一一月二九日に同寺の住職山本信行住職が日蘭交流四〇〇年を記念して、その門前にボードウィンの顕彰碑を建立された。その除幕式に招かれた時、薩摩屋半兵衛にまつわる話を聞くことができた。ボードウィンを法性寺に斡旋し、その後その世話を焼いたのが半兵衛であった。薩摩屋は屋号で本名は川端半兵衛広長といった。この半兵衛が洪庵の適塾の門下生で、オランダ語の会話くらいはできたと伝えられていると聞いたのである。川端半兵衛の名は「姓名録」には見当たらない。半兵衛の子孫の川端保彦様に尋ねても、それ以上のことは分からなかった。ちなみにボードウィンが大阪を去る時、オランダ製の砂糖壺を緒方惟準に贈った。いつの頃かこの壺は緒方家から川端家に渡った。この度のボードウィン顕彰碑建立の機会にこの砂糖壺が川端家から法性寺に寄贈されて、一三〇年振りに、もと在った場所に戻った。

さて川端半兵衛が果たして適塾門下生であったかどうかということであるが、私がこの話を適塾研究会で話した折に、梅溪昇先生から貴重な情報を頂いた。江戸堀の薩摩藩蔵屋敷の筋向かいの薩摩屋の家に大村益次郎が寄寓していた（現在、その地に大村益次郎寄寓の地の碑が建っている）。現在行方が分からなくなっている大村益次郎日記にただ一行、薩摩屋半兵衛ではなくて、その丁稚が適塾生であったと書いてあったという。しかしそれは丁稚が適塾へ行って、オランダ語を聞いただけかもしれぬといわれる。もしそうであれば、ボードウィンが法性寺へ来る以前の話で、さらに想像を飛躍させると、大村益次郎の指導でオランダ語を少し解する丁稚が薩摩屋に居たことが、逆に薩摩屋が法性寺にボードウィンを斡旋する理由の一つになっていたのかもしれない。

（五）適塾と創造性

緒方洪庵が江戸、長崎での修業を終えて大坂へ来て適塾を開いた背景には、洪庵の若き頃学んだ師、中天游の学統を継ぐという理由もあったであろうが、その奥に中天游に至るまでの大坂の蘭学の風土があった上でのことであった。大坂の蘭学、そしてその基となる物ごとの実理を観てそれを自ら確かめるという実証精神は大坂にいつから始まり起ったのであろうか。その起源はむしろ蘭学とは関係ない大坂の学問の培地から生まれたといえる。

一八世紀の中期から後期にかけて輩出した懐徳堂の富永仲基、中井履軒、山片蟠桃らの精神活動は儒学から発しているとはいえ、格物窮理を目指す徹底した合理的精神に裏づけられているものであった。また同じ頃、京都で起った古医方というその名とはうらはらに親験実試の実証精神に貫かれた医学の革新運動は宝暦四年（一七五四）の山脇東洋の日本における最初の人体解剖となって現れた。その流れを汲む大坂の永富独嘯庵はすでに西洋医学の片鱗をその著「吐方考」や「漫遊雑談」の中で紹介している。

その頃、安永元年（一七七二）に九州の杵築から大坂に出てきて本町四丁目に先事館を開いて天体観測を始めた麻田剛立《ごうりゅう》がいた。剛立は本来は医者であり、その翌年、大坂で人体解剖を実施して、友人の懐徳堂の中井履軒が筆をとってその解剖記録を「越俎弄筆」として残している。これは江戸で杉田玄白らの腑分けが動機になって出版された『解体新書』の出る一年前の出来事であった。剛立は大坂付近の職人グループが作る望遠鏡などの天体観測器具を駆使して日蝕、月蝕の観測の経験を積み、消長法という理論にまで到達していた。その頃、幕府は改暦の要に迫られていたが江戸の天文方にそれを行う能力がなく、大坂の剛立に声がかかった。剛立は老齢の故に門人の間《はざま》重富と高橋至時《よしとき》に代行させて見事寛政の改暦を成し遂げた。正に大坂の実証精神の成果であった。

しかし、剛立も重富も自らはオランダ語を読めなかった。重富は記憶力抜群で知られていた北堀江の傘の紋書き職人の橋本宗吉を見出し、自分の代わりに江戸の大槻玄沢の芝蘭堂に派遣してオランダ語を学ばさせた。宗吉がオランダ語をマスターして大坂へ帰ってきてはじめて大坂に蘭学研究グループが誕生した。

宗吉自身も「エレキテル訳説」「阿蘭陀始制エレキテル究理原」などの書を著して日本に電気学を紹介するとともに、自からも空中電気をとる実験を熊取（大阪府泉南郡）の中家の庭で行った。宗吉の許に集まってきた医家グループから大坂に新しい実証医学の風が吹き起る。伏屋素狄《ふせやそてき》は腎臓が血液濾過装置であることを文化二年（一八〇五）に世界に先駆けて見出した。西欧ではボーマンが同じ濾過説を言い出すのがそれより三七年後のことである。江戸時代の大坂にはこのような独創的な実験生理学の発見が生まれていたのである。またこの医学グループで行なった葭島での人体解剖の成果はたとえば各務《かがみ》文献の『整骨新書』三巻となって現れ、日本における整形外科の最初を切り拓いた。文献がその時作った木製の人体骨格は幕府の医学館に献上されて、今は東京大学医学部に保管されている。

同じ時期に紀伊名手庄で外科塾春林軒を開いていた華岡青洲は文化元年（一八〇四）にマンダラゲすなわちチョウセンアサガオの抽出液で作った通仙散を用いて世界最初の全身麻酔による乳癌切除手術に成功したことはよく知られている。こういう大坂やその周辺の文化の風土の中で、橋本宗吉に学んだ医学者グループの一員であった中天游の思々斎塾に文政五年（一八二二）に入門して蘭医学の修業を始めたのが緒方洪庵であった。

以上、洪庵に至るまでの大坂を中心とした関西一円の自然科学的風潮を概観した。創造性という視点で見直すと麻田剛立の天体観測、伏屋素狄の実験生理学、華岡青洲の全身麻酔術などは世界的にみても当時の先端を行く文献未知の事実の新発見であった。

ここで気になるのはそれに続く適塾の時代に洪庵とその門下生の間にそれに匹敵する創造的な業績が生まれていたであろうかという辛い問いかけである。洪庵の畢生の仕事はその頃西欧先進国の水準からすれば無に等しかった日本の近代医学をまず西洋から移植してこの国に定着させ、多くの人々を病苦から救うという人間愛に基づく自らに課した至上命令があった。蘭学を教えこまれた門下生たちも医学のみならず明治の新しい時代の要求する西洋文明の移植に全力を尽くした。しかし注意して洪庵や弟子立ちの業績を調べてみても、現代的にみた本邦発の創造的な成果は見出すことができない。強いて探せば直接の門下生の中では新潟の梛野謙秀による恙虫病の最初の報告くらいであろうか。

洪庵以前の大坂の蘭学時代には国全体として西洋文化を受け入れるための圧力はそれほどかかっていなかった。生業とは別に興味の赴くままに自由に探求の仕事を進めることができた。蘭学時代とはいえ過多の蘭書の横溢に圧迫されるということはなく、大坂の風土独特の親験実試の実証精神を発揮することができた。一転して洪庵の時代には嘉永六年（一八五三）のペリー来航を挙げるまでもなくひしひしと迫りくる外圧を受けて、国の興亡に対処しなければならず、一日も早く西洋科学を受容吸収しなければならない要請を国も人も強く感じていた。その動向は明治に入っても続き、その時期が適塾門下生の活躍時期と重なった。後に日本の奇跡的な西洋文化受容による近代化の成功が称えられる裏にはそのような大きい時代要請が個人の上にも、のしかかっていたことを理解しなければならない。また同時に押し寄せる過多の情報が創造的発意の芽をつむ傾向がなかったかと思い至ると、それはまた現代の情勢の他山の石とも思えてくる。

しかし明治も中期を過ぎる頃から、言うところの創造的科学研究と銘打つことができる成果が日本人科学者の中から出はじめる。私の知る化学の分野に限っても、高峰譲吉の副腎ホルモンアドレナリンの最初の単離結晶化、池田菊苗の昆布のうまみ成分グルタミン酸ナトリウムの発見、鈴木梅太郎の世界最初のビタミンB_1の発見などである。高峰譲吉は前節五（四）に述べたように、明治になって暫く洪庵亡き後の緒方塾に寄寓して適塾の後身である大阪医学校の門をくぐっている。はじめ医学を志していたのを化学に志向を転換させたのは大阪医学校の近くに開校された舎密局《せいみきょく》（化学校）での外人教師ハラタマとリッテルの化学講義の聴講にあったと推測される。ハラタマはオランダ人化学者で当時の西欧の化学の実態を講義の中に盛り込んで、科学研究の何たるかを日本人に熱心に鼓吹した。また池田菊苗の場合も京都から大阪へ出てきて就いた最初の教師の村橋次郎が舎密局でのハラタマの助手を勤めた人物で、間接的にではあるが高峰と同様に舎密局の雰囲気の中で西欧の科学研究の真髄を把握したはずである。彼らが創造的研究の進め方のパターンを日本人としてはじめて知ったのではなかろうか。

結論として適塾の人々に創造性が本来欠けていたのではなく、時代の状勢がそれを発揮するのを許さなかったと考えたい。大阪の適塾以前の蘭学時代と適塾時代とポスト適塾時代の自然科学における人々の対処のしかたを創造性という切り口で観てみると以上のような推論が成り立つ。これは今日の独創的研究のあり方を考える場合にも参考となるのではなかろうかと考えて敢えて適塾時代を俎上にのせてみた。

おわりに

大阪大学の中で財団法人大阪大学後援会に事務局を持つ適塾記念会では適塾に対する社会の関心に応えるために毎年秋季に連続四回の適塾研究会を開催して、その年々に設定された洪庵と適塾に関するテーマにしたがって講演、研究の機会を持っている。

平成一二年には第三回適塾研究会として私が「適塾についての謎」と題して四回にわたって話題を提供した。その講演内容の記録はその翌年と翌々年に刊行された『適塾』誌、第三四号、第三五号に分割掲載された。今回これをまとめて、さらに新しい三篇を加えて一冊の書『適塾の謎』として大阪大学出版会から出版される運びとなったことは私の誠に有難く思うところで、適塾記念会ならびに大阪大学出版会の大西愛様はじめ関係各位に衷心より謝意を表する次第である。

『適塾』誌には掲載されず、今回新たに稿を起こして追加した篇は次の通りである。

二（二）姓名録の署名

三（二）洪庵の最期

五（五）適塾と創造性

『適塾』誌にこの原文の「適塾についての謎」を連載するに当って述べた「はしがき」の一部をここに再録して、本書執筆の意を改めて伝えたいと思う。

何事の歴史もそうであるように、ある説が流布すると、時が経つにつれて、動かない事実と錯覚されてしまうことが多い。あるいは当然わかっていなければならないことが掘り下げてみると、実ははっきりしていないという事柄が適塾の場合にも多い。適塾の歴史については既に多くの先達によって、貴重な史実が明らかにされている。しかし、その先にこれほどまでに、不明の点が多いという事実を提供することは、適塾の研究というものがもしあるならば、それのいくつかの方向の可能性を示し得るのではないかとも考えたからである。

適塾に関する不明の事柄については無論できるだけ資料を探索して、それを基にして新たな推測の翼を延ばした。しかし、資料には限界があり、それ以上は私の勝手な想像、憶測を随所に加えた。もともと謎とは解けないから謎である。私の叙述をどうかそのまま決定的なものと受けとらず、また別の発想を展開していただく契機になれば幸いである。ご高批をお待ち申し上げる。

終わりに、本書を書くに当って多くの先学諸氏の著作を題材に取り上げ、時には礼を失する扱いをしたことをお詫び申し上げ、真実探求の一道程として寛恕されることを切に祈る次第である。

参考文献

一（一）
緒方洪庵『病学通論』三巻、青藜閣、嘉永二年
藤野恒三郎『日本近代医学の歩み』講談社、昭和四九年
緒方銈次郎「緒方洪庵と足守」昭和二年
浦上五六『適塾の人々』修文館、昭和一九年
梅溪昇「緒方富雄博士所蔵「佐伯家関係文書」の紹介」『適塾』第二〇号、昭和六二年
（二）
梅溪昇「緒方富雄博士所蔵「佐伯家関係文書」の紹介」前出
藤田源三郎「我家ノ回顧談」長濃丈夫「緒方洪庵、福澤諭吉と名塩の地」西宮市名塩自治会『西宮名塩史Ⅰ』昭和三六年
箕作阮甫「袖珍内外方叢」『泰西名医彙講』日本学士院編『明治前日本医学史』第二巻、昭和三〇年
浦上五六『適塾の人々』前出
緒方富雄『緒方洪庵伝』岩波書店、一九四二年
梅溪昇『洪庵・適塾の研究』思文閣出版、平成五年
酒井シヅ「蘭館長ニーマンと長崎留学生」『日本医史学雑誌』第二一巻、昭和五〇年
緒方富雄、梅溪昇編『緒方洪庵のてがみ　その四』菜根出版、平成八年

二（一）

中野操監修『大坂医師番付集成』思文閣出版、昭和六〇年
『佐倉市史』巻二、佐倉市史編集委員会、昭和四八年
武谷祐之「南柯一夢」『九州大学九州文化史研究所紀要』第一〇号、昭和三八年
『適々斎塾姓名録』丸善株式会社、昭和五一年
芝哲夫「西山静斎書状について—適塾移転の年は改めらるべきこと—」『適塾』第一九号、昭和六一年
杉立義一「新資料より見たる適塾の過書町への移転及びその名義の移動について」『適塾』第一九号、昭和六一年

（二）

『適々斎塾姓名録』前出
緒方富雄『緒方洪庵伝』前出
『都道府県別　適々斎塾姓名録』適塾記念会、昭和三五年
芝哲夫「大国明次郎姓名録」『適塾』第二七号、平成六年

（三）

桂川甫周編『和蘭字彙』安政二年（一八五五）、早稲田大学出版部、一九七四年
福澤諭吉『福翁自伝』岩波文庫、昭和一九年。慶応義塾大学出版会、一九九六年
長与専斎『松香私志』明治三五年。小川鼎三、酒井シヅ校注『松本良順自伝・長与専斎自伝』東洋文庫三八六、平凡社、一九八〇年

石河幹明『福澤諭吉伝』第一巻、岩波書店、昭和七年
『福澤先生伝記完成記念展覧会目録』慶応義塾図書館、昭和七年
池田谷久吉「緒方洪庵適塾趾」『医譚』第三号、昭和一三年（『上方』第一〇集、昭和一五年）
小川清介「老いのくり言」『広島医学』第三二巻第四号、昭和五四年（芝哲夫「適塾門下生に関する調査報告（4）小川清介」『適塾』第一七号、昭和五九年）
緒方裁吉「芝理事の「適塾の謎」に対する私の推論」『適塾』第三五号、平成一四年
中崎昌雄「推理　適塾の住いと暮し」『適塾』第一四号、昭和五七年
（四）
松本端「大阪市種痘歴史」『刀圭新報』第一巻第一号、明治四二年
緒方銈次郎『緒方洪庵と足守』昭和二年
武谷祐之「接痘瑣言」弘化三年
山本亨介『種痘医小山肆成の生涯』時事通信社、一九九四年
伴五十嗣郎「笠原白翁の種痘普及活動（Ⅰ）」『実学史研究Ⅱ』思文閣出版、昭和六〇年、「同（Ⅱ）」『同Ⅲ』昭和六一年
武谷祐之「「南柯一夢」前出
伊藤圭介『暎咭唎国種痘奇書』天保一二年
小山肆成『引痘新法全書』弘化四年
笠原白翁「戦競録」嘉永六年

「除痘館記録」万延元年『緒方洪庵と適塾』適塾記念会、一九八〇年
（五）
沼田次郎、荒瀬進共訳『ポンペ日本滞在見聞記』雄松堂、昭和四三年
潁川四郎八書状　日野鼎斎宛、嘉永二年九月六日付
（六）
勃微爾原本　宇田川榕菴訳稿本「古列亜没爾奞斯」杏雨書屋蔵
桂川國寧「酷烈辣考」杏雨書屋蔵
緒方洪庵訳述『虎狼痢治準』安政五年
（七）
浦上五六『適塾の人々』前出
藤野恒三郎『学悦の人』藤野博士退官記念会、昭和四五年
徳富蘇峰「和宮御降嫁」『近世日本国民史』講談社、一九九二年
山崎佐「江戸幕府時代における朝廷の医療制度」『日本医史学雑誌』第七巻第四号、昭和三二年
緒方洪庵「勤仕向日記」文久二年、緒方富雄『緒方洪庵伝』岩波書店、一九四二年
武部敏夫『和宮』吉川弘文館、一九六五年
緒方洪庵書状　平三、城次郎宛、文久二年六月一七日付『緒方洪庵のてがみ　その三』菜根出版、平成六年
村田忠一「緒方洪庵と和宮―山崎佐氏の見解について―」『適塾』第三五号、平成一四年

三（一）
緒方洪庵書状　箕作秋坪宛、安政四年一〇月八日付『緒方洪庵のてがみ　その一』菜根出版、昭和五五年
緒方洪庵書状　平三、城二郎宛、前出
緒方洪庵書状　津下成斎宛、文久二年七月九日付『緒方洪庵のてがみ　その四』平成八年
緒方洪庵書状　後藤浩軒宛、文久二年七月二二日付『緒方洪庵のてがみ　その四』平成八年
緒方富雄『緒方洪庵伝』前出
（二）
緒方八重書状　億川ふく宛、文久三年八月五日付『緒方洪庵のてがみ　その三』平成六年
福澤諭吉『福翁自伝』前出
藤野恒三郎『日本近代医学の歩み』前出
梅溪昇『緒方洪庵と適塾生―日間瑣事備忘にみえる―』思文閣出版、昭和五九年
緒方洪庵「癸丑年中日次之記」嘉永六年（緒方富雄『緒方洪庵伝』岩波書店、一九四二年）

四（一）
緒方洪庵『病学通論』前出
緒方洪庵書状　内山七郎左衛門宛、安政三年一一月二日、同年一二月二五日、同四年六月二〇日付『緒方洪庵のてがみ　その二』昭和五五年
緒方洪庵書状　藤野八郎宛、安政五年四月一六日付、同書

岩治勇一「洪庵の二子と大野藩」『医譚』復刊第二七号、昭和三八年
(二)
緒方洪庵「癸丑年中日次之記」前出
長与専斎『松香私志』前出
梅溪昇『緒方洪庵と適塾生—日間瑣事備忘にみえる—』前出
黒木稼吉「津田順蔵」『三州遺事』下編巻二、昭和六年
津田進三「津田淳三について」『石川郷土史学会会誌』第一〇号、昭和五二年
橋本左内書状　笠原良策宛、嘉永四年五月二七日、六月五日、七月八日、七月一八日付『橋本景岳全集』上巻、畝傍書房、昭和一八年
(三)
福澤諭吉『福翁自伝』前出
緒方富雄「晩年の緒方洪庵」『三田評論』第六一四号、一九六三年
中野操「緒方洪庵とカネ」『医学のあゆみ』第三六巻第一〇号、昭和三六年
(四)
箕作秋坪「教育談」『明六雑誌』第八号、明治七年

五

(一)
緒方洪庵『病学通論』前出

八木保、中寿一郎「用語「健康」の由来を求めて」『保健の科学』第四一巻第八号、一九九九年
北沢一利『「健康」の日本史』平凡社、二〇〇〇年
長与専斎『松香私志』前出
(二)
梅溪昇「緒方洪庵の義弟・緒方郁蔵について」『洪庵・適塾の研究』思文閣出版、平成五年
古西義麿「緒方郁蔵と独笑軒塾」『日本洋学史の研究Ⅳ』昭和五二年
(三)
矢島柳三郎『麦飯爺』昭和二年
(四)
高峰譲吉「自家発見タカジアスターゼ及アドレナリンニ就テ」『大阪医学会雑誌』第一巻第一〇号、明治三五年
芝哲夫「億川家資料について」「付三二「浪花緒方塾ニての入用等諸記録」」『適塾』三七号、平成一六年
(五)
中野操『大阪蘭学史話』思文閣出版、昭和五四年
芝哲夫「なにわの科学の伝統」『生命の化学』なにわ叢書七九、ブレーンセンター、二〇〇一年
芝哲夫「日本の化学を切り拓いた先駆者たち(9)高峰譲吉とアドレナリン」『化学と教育』五二巻六号、二〇〇四年
芝哲夫「日本の化学を切り拓いた先駆者たち(11)池田菊苗と味の素」『化学と教育』五二巻八号、二〇〇四年
金森順次郎『大阪と自然科学』高等研選書一五、国際高等研究所、二〇〇一年

古在由直　131
古西義麿　124
フンク　131
ペリー　91
ボードウィン　125, 135, 136
ボーマン　138
北條(池田)謙輔　30
「保受録」 21, 23
法性寺　135, 136
ホフマン鎮痛液　64
『ボムホフ英語字典』 104
堀内利国　128–131
ポンペ　18, 55, 58, 61–63, 65
『ポンペ日本滞在見聞記』 55
「ポンペの口授」 58, 59, 62, 63, 65

ま行

前野良沢　104
「麻酔」 118
俣野整記　26
松岡勇記　37
『松香私志』 31, 35, 91, 119
松平春嶽　47
松平慶岳　99
松本端　42, 49
松本良順　58, 59, 62, 64, 65, 125, 126, 130
「慢(性)病」 118
「漫遊雑談」 137
三浦退之助　30
箕作麟祥　110
箕作阮甫　15
箕作(菊池)秋坪　59, 73, 74, 109, 113, 123
ミシシッピー号　58
「三州遺事」 93
宮永良山(欽哉, 勤斎)　26, 95
「麦飯翁」 130
村上代三郎　22, 28
村田蔵六　28
村田忠一　72
村橋次郎　140
「明治期適々斎塾門人帳」 134
明治天皇　126, 128, 130
明六社　110
『明六雑誌』 110
モスト　60
森鴎外　130, 131
森秀蔵　81
阿芙蓉　61
モルヒネ　62, 64

や行

薬師寺冬堂　15, 19
矢島十三郎　130
柳下立達　28
山縣玄淑　28
山片蟠桃　136
山崎佐　67, 72
山崎譲　84
大和屋喜兵衛　50
山田都一郎　133
山中有中　90
山村好弘　79
山鳴大年　19
山本信行　135
山脇東洋　137
弓場五郎兵衛　14
『養生訓』 115
ヨハン・アダム・クルムス　104

ら行

リシュール　46, 47, 51, 53, 55, 56
リッテル　140
「龍驤」 127, 128
林外　81
臨時脚気病調査会　127, 130

わ行

「我家ノ回顧談」 14
ワクチニアウイルス　57
和田(佐藤)泰然　16, 17
渡辺卯三郎　83–85, 87, 93, 94, 105
渡辺八百助　84, 86, 87
『ワンダーベルト物理書』 104

『都道府県別　適々斎塾姓名録』　26
「吐方考」　137
富沢松庵　90
富永仲基　136

な行

内藤信郷　26, 27
中井履軒　136, 137
永岡庄右衛門　42
中耕介（耿助）　15, 90, 91
中崎昌雄　39, 41
中天游（環）　6, 9, 11, 12, 14, 15, 74, 90, 118, 136, 138
永富独嘯庵　137
中村八太夫　47
長与専斎　31, 35, 91, 115, 118-120
長与俊達　57
梛野鎌（謙）秀　30, 139
名塩屋熊太郎　106, 107
鍋島閑叟　47
ナポレオン第一世　112, 113
楢林建三郎　48, 51, 53
楢林宗建　47
南陔　81
「南柯一夢」　21, 45, 57
南塾　123
ニーマン　16, 17, 18
西川貫蔵　84
西敬次（有慶）　26
西山静斎　22, 24
『日間瑣事備忘』　80, 92
日清戦争　127
日露戦争　127
二宮逸二　90, 91
二宮敬作　90
『日本近代医学の歩み』　78
『日本洋学史の研究』　124
ニュートン　117
入門式　100
「尿閉」　118
「脳髄」　117

は行

萩野勘左衛門　50
間重富　137
橋本左内　27, 95, 97-99, 102, 124
橋本宗吉　137, 138
馬場儀三郎　14
華岡青洲　138
林洞海　67, 69, 74, 77
林雲渓　28
「流行病」　118
ハラタマ　140
春林軒　138
半井元冲　49, 55
蕃書調所　110
阪谷朗盧　121
日野鼎哉　47, 48, 50, 51, 53
日野葛民　48, 50, 51
日野桂洲　48
日野朔太郎　53
ビタミン　131
ビタミンB1　140
『病学通論』　6, 16, 17, 83, 103, 115-117
『病理各論』　60
平瀬市郎兵衛　50
広瀬旭荘　80, 81, 92
フーフェランド　44, 60
ファラデー　104
『ファンデルビュルグ博物書』　104
福井丹波守　71
『福翁自伝』　31, 35, 37, 78, 102, 103, 105
『福澤先生伝記完成記念展覧会目録』　33, 34, 37, 39
福澤諭吉　28, 31, 36-38, 40, 78, 102, 104, 105, 110, 117
『福澤諭吉伝』　32-35, 39
副腎ホルモン　133, 139
「不随意」　117
「扶氏医戒之畧」　66
『扶氏経験遺訓』　60, 74, 102, 103, 110, 122
藤田源三郎　14
藤田源二郎　14
藤野恒三郎　67, 78
藤野昇（升）八郎　87, 89, 123
伏屋素狄　138
「不治病」　118

人痘　46, 57
人痘種痘法　43
人痘法　49
新保朔茂　23, 28
杉田玄白　104, 137
杉立義一　24, 106
鈴木梅太郎　131, 139
『整骨新書』　138
「精神」　117
「精神錯乱」　118
舎密局　132, 140
「姓名録」　24, 27, 29, 30, 134, 135
青村　81
西洋医学所　30, 52, 66, 69, 71, 77, 107–109, 125
『西洋事情』　117
関沢安太郎　30
赤祖父昌斎　29
「接痘瑣言」　44, 57
妹尾遊玄　27
「戦競録」　48, 50
先事館　137
先象堂　101
「先天病」　118
荘子　119
束脩　101

た行

ターフェル·アナトミア　104
『泰西名医彙講』　15
高木兼寛　127
多喜楽(伊東長)春院　71, 74
高階典薬頭　71
高瀬西海　80, 81
タカヂアスターゼ　133
高野長英　116
高橋文郁　28
高橋至時　137
高畠耕斎　12, 15, 19
高峰化学研究所　133
高峰譲吉　132, 133, 139, 140
高峰ファーメント(酵素)会社　132
竹内海三　30
武谷祐之(椋亭)　18, 21, 28, 44, 45, 57
武部敏夫　71
多田羅浩三　79
伊達宗城　90
田中発太郎　95
「治癒」　118
「張力」　117
『治療書』　60
「鎮痙薬」　118
ヅーフ　31
ヅーフ辞書　31, 32, 103
ヅーフ部屋　31, 33–35, 39
ヅーフ·ハルマ辞書　33
通仙散　138
「筑波」　127
筑波大学　110
津下精斎　75
津田淳三　93, 94, 96
津田進三　93
土田玄意　28
恙虫病　139
坪井信友　92, 93
坪井信道(誠軒)　11, 16, 17, 74, 92
坪井信良　77, 92, 93
ディアナ号　91
『適塾の人々』　8, 16, 66
「適々斎塾姓名録」　21, 22, 25, 30, 132
天璋院　70
「伝染」　118
「伝染病」　118
天然痘　42, 52, 56
天然痘ウイルス　56
天王寺屋忠兵衛　106, 107
土井利忠　84
東京師範学校　110
痘痂　53, 55
痘漿　54
東条永菴　28
遠田澄庵　71, 128
徳川家定　70, 126
徳川家茂　66, 71, 126
「独笑軒記」　121, 122
独笑軒塾　101, 102, 122–124
徳富蘇峰　68
「特効薬」　118

牛痘能　45
究理堂　101
「求力」　118
「強壮薬」　118
桐山元中　54
桐山万次郎　54
「勤仕向日記」　69
草場韡(佩川)　16
串戸瑞軒　21, 23
『颶風新話』　86, 88
久保良造　28
栗原唯一　91
グルタミン酸ナトリウム　139
黒木稼吉　93
黒田侯　104
「経過」　118
「健康」　115-118
健康保護　119
「研堂緒方郁蔵先生」　124
「研堂緒方先生碑」　121
小石元瑞　101
古医方　136
『洪庵・適塾の研究』　16, 121, 124
「交感神経」　118
庚桑楚編　119
「抗抵力」　117
「後天病」　118
工部省工学寮　132
孝明天皇　68
古賀増(茶渓)　16
児玉順蔵　10
コッホ　59, 127
小寺陶中　28
後藤玄(元)哲　23, 28
後藤浩軒　75
近衛師団　126, 129
小林安石　46, 48, 57
小林(林)洞海　16
小山肆成　46, 47, 57
「古列亜没爾爸斯」　58
コレラ　58, 59, 61, 62, 65
コレラ菌　59
「酷烈辣考」　58
コレラ病　58
『虎狼痢治準』　59, 62
近藤岩次郎　30
コンラヂ　60, 62

さ行

「在臆話記」　122
細菌病　126
佐伯キョウ　69
佐伯瀬左衛門(惟因)　5, 9, 11, 106
酒井シヅ　17
『佐倉市史』　21
薩摩屋半兵衛　132, 135, 136
佐野董雋　57
『散花錦嚢』　123
三叉学舎　110
シーボルト　8, 10, 11, 18, 41, 46
ジェンナー　44, 46, 57
鹿田勤斎　28
滋賀屋忠右衛門　106
思々斎塾　6, 138
「資生」　117
「自然良能」　118
設楽天僕　29
志筑忠雄　118
「疾病」　115, 117, 118
篠岡ハナ　8, 9, 43
柴田方庵　106
「死病」　118
渋谷良治　97-99
『袖珍内外方叢』　15, 17
「重病」　118
「重力」　117, 118
種痘　44, 47, 50, 51, 55
『種痘奇法』　47
順正書院　101
「滋養」　117
譙允南　122
除痘館　44, 51, 123
「除痘館記録」　50, 52, 123
芝蘭堂　137
新宮凉庭　101
「神経節」　117
『新撰洋学年表』　16
「進退」　118

大槻如電　16
大戸郁蔵　19
大野貞斎　26, 30
大野洋学館　84, 87, 90, 92
大村益次郎　90, 136
大屋遠江守　47, 54
小川清介　36, 37
小川文之助　28
緒方郁蔵　38, 96, 97, 101, 121, 123, 124
緒方九重　129
緒方銈次郎　8, 35, 43
緒方洪庵(章, 判平)　2, 13, 94
「緒方洪庵展図録」　32, 35
『緒方洪庵伝』　16, 25, 26, 75
「緒方洪庵と足守」　8, 43
『緒方洪庵と適塾生』　78, 80
『緒方洪庵のてがみ』　18
緒方惟準(洪哉, 平三)　18, 66, 69, 70, 74, 83–87, 89, 105, 107–109, 120, 125, 126, 129–132, 134, 135
緒方惟孝(四郎, 城次郎)　66, 69, 74, 83, 84, 86, 87, 89, 105, 107
緒方惟直　133
緒方(佐伯)惟正　8, 9, 13, 43
緒方裁吉　39–41
緒方收二郎　134
緒方塾　134, 135
緒方拙斎　29, 30, 39, 55, 108, 123, 134, 135
緒方富雄　16, 25, 26, 33, 37, 107
緒方病院　126, 134
緒方正美　126
緒方(億川)八重　13–15, 37, 38, 59, 60, 69, 77, 79–81, 94–96, 99, 109, 124, 134
荻野七左衛門　50
奥医師　71
岡千仭　122
億川翁助(介)　59, 86, 87
億川三郎　134
億川信哉　29
億川ふく(蔵富)　77, 80
億川百記　13, 14, 60, 87, 88, 89, 106
奥山静叔　28
お玉ヶ池種痘所　52, 69
『和蘭字彙』　31
「阿蘭陀始制エレキテル究理原」　137
『和蘭内景　医範提綱』　117
オリザニン　131

か行

『解体新書』　104, 137
懐徳堂　136, 137
貝原益軒　115, 120
華陰(緒方洪庵)　45
各務文献　138
鍵屋重太郎　106
『学悦の人』　67
脚気　131
脚気病　126, 127, 130
笠原良策(白翁)　47–50, 53–55, 57, 95, 96, 98, 99, 102
和宮　66–71, 80, 81
「化成」　117
桂川國寧(甫賢)　58
加藤四郎　56
「合併病」　118
金沢除痘館　95
金沢大学医学部　95
「化膿」　118
カムペン　112
華陽堂病院　34, 38
『カラームル術語辞典』　104
河田雄禎　28
「寛解」　118
カンスタット　60, 62
寛政の改暦　137
神田乃武　133
「感動」　117
「漢洋内景説」　116
岸本一郎　29
キナ(キニーネ, 幾那塩, 規尼)　42, 60–63, 65
木村新右衛門　14
邱浩川　47
牛痘　43–46, 49, 51–53, 55, 123
牛痘ウイルス　55, 57
牛痘化　57

適塾の謎　# 索　引

あ行

アイクマン　131
青木周弼　17
青山胤通　130
赤沢塾　93
「悪性病」　118
麻田剛立　137, 138
浅田宗伯　71
芦田愛次良　100
アドレナリン　133, 139
有馬播蔵　26, 28
飯田柔平　95-99, 124
飯村周澤　30
医学館　95
『医学史話』　78
『医家韻府』　60
石井宗謙　57
石河幹明　32, 35
石黒忠悳　125, 126, 130
『暎咭唎国種痘奇書』　47
池田菊苗　139
池田谷久吉　34, 38, 39
市川斎宮　98, 99
「遺伝病」　118
伊藤圭介　47
伊東玄英　96
伊東玄朴　47, 69, 77, 80, 101, 107
伊藤慎蔵(精一)　28, 84-93, 102, 123
伊東長春院　67
伊東南洋　15
『引痘略』　47
『引痘新法全書』　47
「引律」　118
「引力」　117
宇治田東畡　28
宇田川榛斎　11, 12, 16, 117
宇田川榕菴　58
内山七郎右衛門　84-89
梅溪昇　16-18, 34, 78, 80, 81, 121, 124, 135
浦上五六　8, 16, 66
雨窓　81
ウンデルリッヒ　64
「衛生」　118-120
衛生局　119, 120
衛生試験所　120
『衛生新論』　120
「栄養」　118
頴川四郎八　48, 51, 53
「越俎弄筆」　137
「エレキテル訳説」　137
「遠西原病約論」　116
「老いのくり言」　36
大国明次(二)郎　29
「大国明次郎姓名録」　29
大阪医学校　125, 132, 140
大阪医学校病院付属種痘館　55
大坂医師番付　23, 24
『大坂医師番付集成』　19
大阪軍事病院　125
「大阪市種痘歴史」　42, 43, 48-50
大坂除痘館　50, 51, 54-56, 95
大阪鎮台　125
大阪陸軍病院　128
大谷清一　80
大谷三畏　80
大田良策　95
大槻玄沢　137
大槻俊斎　69, 77

芝　哲夫（しば　てつお／大阪大学名誉教授・適塾記念会理事）
1924年　広島県生れ
1946年　大阪大学理学部卒業
1971年　大阪大学理学部教授
現　在　㈶蛋白質研究奨励会ペプチド研究所所長

著書
『立体化学』化学同人、1971年
『化学物語25講』化学同人、1993年
『オランダ人の見た幕末・明治の日本』菜根出版、1993年
『生命の化学―なにわの科学の伝統―』なにわ叢書79、ブレーンセンター、2001年
『よみがえる適塾』（共著）大阪大学出版会、2002年

適塾の謎

2005年6月10日発行　［検印廃止］
2007年7月1日初版第2刷

著　者　芝　哲夫
発行所　大阪大学出版会
代表者　鷲田　清一

〒565-0871　吹田市山田丘1-1
大阪大学事務局内
電話・FAX 06-6877-1614（直）
http://www.osaka-up.or.jp
印刷・製本所　尼崎印刷㈱

ISBN 978-4-87259-192-7